新文科·财经学术文库

上海开放大学学术专著出版基金资助

上海开放大学经济管理学院数字化管理与服务创新研究中心资助（课题号：yjzx2403）

Management Innovation in Closed-Loop Supply Chains
under the Green Development Framework

绿色发展理念下的闭环供应链管理创新

尹 君 ◎ 著

上海财经大学出版社
SHANGHAI UNIVERSITY OF FINANCE & ECONOMICS PRESS

上海学术·经济学出版中心

图书在版编目(CIP)数据

绿色发展理念下的闭环供应链管理创新 / 尹君著.
上海：上海财经大学出版社,2025. 5. -- (新文科·财经学术文库). -- ISBN 978-7-5642-4684-6

Ⅰ. F124.5; F252.1

中国国家版本馆 CIP 数据核字第 20252S8R57 号

□ 责任编辑　刘冬晴
□ 封面设计　贺加贝

绿色发展理念下的闭环供应链管理创新

尹　君　著

上海财经大学出版社出版发行
(上海市中山北一路 369 号　邮编 200083)
网　　址:http://www.sufep.com
电子邮箱:webmaster @ sufep.com
全国新华书店经销
上海华业装潢印刷厂有限公司印刷装订
2025 年 5 月第 1 版　2025 年 5 月第 1 次印刷

710 mm×1000 mm　1/16　11.25 印张(插页:2)　190 千字
定价:59.00 元

前言

习近平总书记在党的二十大报告中指出："必须牢固树立和践行绿水青山就是金山银山的理念。"① 加快发展方式绿色转型，是党中央推进中国式现代化的战略部署。根据国家统计局《2024 年国民经济和社会发展统计公报》，2024 年我国单位 GDP 能耗较 2020 年下降 6.8%，超额完成"十四五"目标。② 国务院《2025 年循环经济发展规划》明确要求，到 2025 年再生资源加工利用量达到 5.5 亿吨，比 2020 年增长 40%。③ 推动绿色发展，加快发展方式绿色转型，从根本上缓解经济发展与资源环境约束的矛盾。而在诸多实现绿色转型的路径中，废弃物循环利用体系的构建以及闭环供应链的优化发展，无疑是其中极为关键的环节。

闭环供应链的发展是环境政策立法、企业责任与道德以及企业长期利益追求共同驱动的结果。伴随着中国经济的发展，中国在成为世界第二大经济体的同时，也成为最大的自然资源消费国。面对突出的环境、资源与发展问题，中国政府在政策上持续发力推动绿色转型。2024 年 6 月，国家发展改革委等七部门发布《关于加快废旧物资循环利用体系建设的指导意见（2024—2027 年）》（发改环资〔2024〕456 号），提出 2025 年城市废旧物资回收利用率达 85%，并建立粤港澳大湾区、成渝双城经济圈等区域性回收网络。④ 2024 年 3 月多部门联合印发

---

① 习近平. 高举中国特色社会主义伟大旗帜 为全面建设社会主义现代化国家而团结奋斗——在中国共产党第二十次全国代表大会上的报告[EB/OL]. 新华网,（2022-10-25）[2025-02-01]. https://www.xinhuanet.com/politics/cpc20/2022-10/25/c_1129079429.htm.
② 国家统计局. 2024 年国民经济和社会发展统计公报[EB/OL]. 国家统计局官网,（2025-02-28）[2025-02-01]. http://www.stats.gov.cn/tjsj/zxfb/202502/t20250228_1900000.html.
③ 国务院. 2025 年循环经济发展规划[EB/OL]. 中国政府网,（2024-03-15）[2025-02-01]. http://www.gov.cn/zhengce/content/2024-03/15/content_5901767.htm.
④ 国家发展改革委等七部门. 关于加快废旧物资循环利用体系建设的指导意见（2024—2027 年）[EB/OL].（2024-06-30）[2025-02-01]. http://www.ndrc.gov.cn/xxgk/zcfb/ghwb/202406/t20240630_1354567.html.

《关于推进再制造产业高质量发展的行动方案》,提出2025年建成30个国家级再制造产业园区,再制造产业规模突破3 500亿元,重点支持汽车零部件、航空发动机等高端领域,生态环境部数据显示,再制造产品全生命周期碳减排强度较传统制造降低65%,其中工程机械再制造部件可减少钢材消耗40%。[①] 2025年1月工信部等十部门印发《再制造产业高质量发展行动方案(2025—2030年)》,计划2027年前建成50个国家级再制造产业园区,推动航空发动机、工业机器人等高端领域再制造,目标产业规模突破4 000亿元。[②] 在此政策背景下,再制造成为一个循环利用、低碳减排的新兴产业,闭环供应链的管理创新迎来重大机遇。

尽管越来越多的企业将经营业务扩展到再制造领域,但闭环供应链回收再制造在发展过程中遇到很多困难,主要涉及回收渠道不畅、非法回收监管缺失等。生态环境部《中国再生资源回收行业发展报告(2024)》显示,2024年再生资源回收总量突破4.8亿吨,但动力电池规范回收率仅22%;中国汽车技术研究中心数据显示,新能源汽车退役电池年回收量从2023年的20万吨增至2024年的60万吨,但梯次利用率不足30%,存在"爆发式增长与低水平回收"矛盾。[③] 回收再制造源头的不确定性增加了闭环供应链管理的复杂性;闭环供应链中资源共享、收益分成以及成本分担等诸多方面的问题。中国科学院研究团队测算,动力电池回收渠道不畅导致每年损失碳减排潜力约1.2亿吨。[④]

闭环供应链的产品(含新品与再制造产品)销售市场存在不确定性与复杂性,回收再制造的旧件回收输入同样存在质量与数量的不确定性,这些不确定性使得闭环供应链的契约优化决策中要考虑的因素更多,且因素间的关系更为复杂。本书通过梳理闭环供应链回收再制造的相关理论,首先对逆向渠道分级回收契约的定价决策展开研究,进而考虑O2O互补性双渠道闭环供应链的契约优

[①] 生态环境部. 再制造产品碳减排核算指南(2024年版)[EB/OL]. (2024-12-20)[2025-02-01]. https://www.mee.gov.cn/gzkp/gz/202412/t20241220_1089876.shtml.
[②] 工业和信息化部等十部门. 再制造产业高质量发展行动方案(2025—2030年)[EB/OL]. (2025-01-18)[2025-02-01]. http://www.miit.gov.cn/n1146295/n1652858/n1652930/n4509604/c89434372/content.html.
[③] 中国汽车技术研究中心. 新能源汽车动力电池回收利用年度报告(2024)[R/OL]. (2024-04-25)[2025-02-01]. http://www.catarc.ac.cn/kycg/202404/P020240425567890123456.pdf.
[④] 中国科学院. 动力电池回收体系效率评估报告(2024)[J/OL]. 中国环境科学, 2025, 45(2): 45-50. (2025-03-10)[2025-02-01]. https://link.springer.com/article/10.1007/s11356-025-32123-4.

化,探讨分级回收协同双渠道闭环供应链系统的表现,在此基础上探讨一个较长时期内生产商的分级定价契约以及收入分享、成本分担契约制定,探讨一个较长时期内闭环供应链的制造产能扩大决策、再造产能扩大决策、回收投资决策、产能分享决策以及渠道投资决策。

本书着眼于加快发展方式的绿色转型,探讨绿色发展理念下的闭环供应链管理创新,以期推动绿色发展方式并缓解经济发展与资源环境约束的矛盾。篇章结构包括七个部分,遵循以下思路展开:研究背景与研究综述(前提)→绿色发展理念下的闭环供应链管理的理论框架(理论基础)→互补性闭环供应链双渠道绿色生产契约优化(创新1)→供应链回收质量分级模型的构建(创新2)→供应链分级回收长期决策模型(创新3)→供应链再制造产能分享模型(创新4)→绿色发展理念下的闭环供应链管理决策案例研究与策略建议(归宿)。

具体内容如下:

首先,本书梳理了绿色发展理念下的闭环供应链管理创新的相关理论。通过对绿色供应链、绿色转型、闭环供应链协调、回收质量分级、回收模式等相关领域文献的阅读,结合再制造企业在闭环供应链中的实践,构建绿色发展下的闭环供应链管理创新的理论框架。闭环供应链在传统供应链的基础上整合了逆向供应链,既包含传统供应链中的供应、生产、销售,又包括逆向供应链中的旧件回收、逆向物流、检测与分类、产品再制造、再制品销售等活动。除了闭环供应链的结构与活动更为复杂外,回收数量与回收质量的不确定性、再制造产能利用等因素也使得闭环供应链的复杂程度远远高于传统供应链。通过分析闭环供应链管理模式,了解链上相关主体及其运作流程,以便进一步探讨闭环供应链协调机制;通过分析闭环供应链的回收模式,以便在互联网背景下探索新的回收合作模式;通过分析回收再制造作业流程,以便在此基础上思索分级回收对现有作业流程的影响,思索在一个较长的时期内的再制造回收分级决策、回收投资决策、产能扩大决策、产能分享决策以及渠道投资决策。

其次,基于相关理论分析,本书探讨了互补性闭环供应链双渠道绿色生产契约优化问题。在绿色发展下,线上制造商作为主导者,负责新品制造、旧件再制造、线上产品(含新品与再制造产品)销售以及从服务商处回收的任务;线下服务商作为跟随者,负责部分产品的线下销售、旧件回收,并负责提供正向渠道和逆向渠道的系列服务。制造商需要与服务商分享产品销售收入,并承担部分渠道投入成本,这样,服务商会更有动力开展线下产品销售与旧件回收工作,并提升正向渠道与逆向渠道的服务水平,而服务商的努力付出亦会为制造商带来更为丰厚的回报。本书关注了正逆向渠道服务水平对闭环供应链的影响,思考了O2O模式下,制造商与服务商的协调合作机制,并将销售收入分成比例、渠道投入成本分担比例、线上线下产品销售比例、回收转移支付等因素考虑进来,使得模型更贴近企业实践。

构建绿色发展理念下的供应链的逆向渠道分级回收模型。放松关于旧件质量的假设,充分考虑旧件回收质量、回收数量不确定的特征,探索利用分级回收定价实现回收控制,削减回收不确定性。分级回收契约在回收再制造系统中起到重要作用,对于目前面临的旧件供应不足问题,在扩大回收数量的同时,更是提高了高质量废旧产品的回收供应量,进而产能得到更充分的利用。合适的分级回收契约能够回收到更多高质量的废旧产品,一定程度上缓解了回收再制造中旧件不足的问题。分级回收契约在一定条件下具有优势,但并不一定是分级越多越好。再制造商应该如何选择合理的分级数?分级标准应该如何确定?这些问题将在本书中展开讨论。

接下来,构建绿色发展理念下的供应链分级回收长期决策模型。本书是对之前研究的进一步深化,探讨较长时期内分级回收机制的影响。在多周期分级回收机制研究中,既要考虑分级机制对本期回收再制造系统的影响,又要观察系统在产能扩大、回收投资决策下的长期表现,分级回收机制有利于系统整体效益的提升,最优分级回收机制受回收质量分布特征、再制造成本节约曲线、检验成本等诸多因素的综合影响。本书从治理机制的角度出发,分析比较了不同分级回收价格机制对再制造商收益、再制造产能、回收质量等回收再制造系统的影响,并针对模型的关键影响因素——检测成本、回收质量特征、再制造率逐一展开分析。适当的分级回收机制能够减少废旧产品回收流的不确定性,平均回收质量的提升使得再制造率得以提升,再制造成本得以有效控制,提高再制造效率与效益,有利于促进再制造产业进入良性发展轨道。

考虑闭环供应链回收再制造系统的持续发展过程中,会面临多次产能扩大的决策,构建绿色发展理念下的供应链再制造产能分享模型。不同于原材料采购,旧件回收的不确定性使得再制造产能的忙闲不均,再制造产能闲置的情况在产能扩大之初表现尤为明显。基于对该问题的思考,在互联网的背景下,本书构建了产能分享的回收再制造系统动力学模型,考虑来自社会的再制造产能分享需求,再制造商借助对过剩再制造产能的分享来获取分享收益。产能分享模式的引入,会促进再制造商调整产能扩大决策与回收投资决策,并对再制造系统产生影响。再制造产能的分享能够促进回收再制造系统更快进入良性发展阶段,并获得更多的收益回报。

基于上述闭环供应链回收再制造管理的理论框架、闭环供应链回收再制造生产决策模型、分级回收再制造以及潍柴动力(潍坊)再制造有限公司发动机再制造的应用案例分析,提出绿色发展下闭环供应链管理类创新的相关策略建议。政府需要建立健全的法律法规和管理机制,加大对正规企业的政策扶持力度,这是对闭环供应链持续发展的环境支持;需要加强闭环供应链的协调合作,提升渠道服务水平,拓展销售渠道网络布局,加强废旧产品回收体系建设,拓宽回收渠道,增加旧件回收比率;同时,搭建线上营销平台,对产品开放线上选购,并打通线上回收和线下取件环节,实现科学回收和智能管理;再制造商制定科学的回收分级标准,加强初检工作;依托第三方平台,通过调整再制造活动来实现对存量产能的最大程度利用。

综合上述分析,本书主要取得如下四个方面的创新贡献:

第一,为实现绿色发展下闭环供应链管理的效能,应对回收不确定这一困扰闭环供应链的突出问题,提出闭环供应链双渠道绿色生产契约优化模型。在处理回收质量、回收数量不确定的问题上,假定废旧产品的回收质量内生于再制造商的回收策略,这是不同于以往定量模型的最大区别。这一假设也是合理的,因为再制造商可以通过回收标准与分级回收价格的制定来筛选、分类实际回收的废旧产品,并为之后的分类再制造提供了便利。模型在此基础上,构建绿色发展理念下的供应链回收质量分级模型,对分级数、分级标准、分级价格等展开分析。

第二,绿色发展理念下,思考由线上制造商和线下服务商构成的新型闭环供应链系统,生产商负责产品制造/再制造、线上产品销售;服务商负责线下产品销售、旧件回收以及正逆向渠道服务。构建分级契约下制造商与服务商的协调合作机制,在考虑销售收入分成、渠道投入分担、线上销售比例、回收转移支付等因素的情况下,对生产商分级回收、收入分享、成本分担契约与市场销售以及服务商渠道服务努力水平的最优决策展开分析。

第三,绿色发展理念下,闭环供应链回收再制造系统会面临持续发展、多次产能扩大的决策,构建绿色发展理念下的供应链再制造产能分享模型,将再制造商阶段性过剩产能借助第三方平台分享给社会再制造产能的需求方。对传统模式与产能分享模式下回收再制造系统动力学模型展开比较分析。

第四，考虑绿色发展理念下的复杂闭环供应链系统的动态仿真。在逆向渠道分级回收模型的基础上，对分级回收协同闭环供应链契约决策研究，加入对产能扩大决策、回收投资决策的思考，并从治理机制的角度出发，比较分析不同分级回收契约下生产商收益、服务商收益、新件收益、批发收益、再制造收益、制造产能、再制造产能、回收质量、渠道投资等指标的长期发展趋势，提出分级回收契约定价的长期决策策略。

本书由作者在其博士学位论文基础上修改完成。特别感谢导师谢家平教授的悉心指导，谢教授以其深厚的学术造诣、严谨的治学态度和开阔的研究视野，为本书研究全程掌舵，幸得谢教授为引路人，方悟治学之真章。同时，衷心感谢孔令丞教授为书稿倾注的心力，孔教授的专业建议与温暖鼓励，不仅让本书质量得以提升，更让晚辈在学术道路上感受到学界前辈的提携之谊。

本书的出版得益于上海开放大学学术专著出版基金的大力资助，也承蒙上海开放大学经济管理学院数字化管理与服务创新研究中心的支持。感谢上海财经大学出版社的专业助力。感恩爱人崔帅的陪伴与担当，感谢父母的牵挂与付出，家人的爱让学术之路充满温度。

"学术之路漫漫其修远兮"，未来，作者将始终以"绿水青山就是金山银山"为指引，深耕绿色发展与供应链管理创新领域。愿与广大研究者、实践者一道上下求索，以绿色供应链管理创新研究为支点，探索经济发展与生态保护的协同路径，为加快建设资源节约型、环境友好型社会提供供应链视角的解决方案。

作　者
2025 年 5 月

目 录

第一章 绪 论 … 1

第一节 研究背景 … 1
一、绿色发展下的闭环供应链管理创新背景 … 1
二、绿色发展下的闭环供应链管理面临的挑战 … 5

第二节 研究意义 … 10
一、理论意义 … 10
二、实践意义 … 11

第三节 研究框架 … 13
一、研究目的 … 13
二、研究思路 … 13
三、研究方法 … 14
四、研究内容 … 16

第二章 绿色发展理念下闭环供应链管理创新的相关理论 … 18

第一节 闭环供应链回收模式 … 18
一、闭环供应链的回收模式 … 18
二、绿色回收模式影响因素 … 22

第二节 闭环供应链管理回收再制造的作业流程 … 23
一、回收-外检 … 24
二、拆卸-内检 … 24
三、再制造-出厂检测 … 24
四、新件补充制造 … 25

第三节 闭环供应链绿色运作模式 ·················· 25
一、闭环供应链绿色作业流程 ·················· 25
二、闭环供应链绿色运作特点 ·················· 27
三、闭环供应链绿色运作模式 ·················· 28
本章小结 ·················· 30

第三章 闭环供应链绿色生产契约模型构建 ·················· 31
第一节 模型描述与假设 ·················· 31
一、模型描述 ·················· 31
二、模型参数设置 ·················· 33
三、绿色生产再制造的行为特征 ·················· 34
第二节 绿色生产契约对再制造系统的影响 ·················· 37
一、不考虑再造成本与再造规模差异的情景 ·················· 37
二、考虑再制造成本差异与再造规模的情景 ·················· 39
第三节 统一回收与两级回收下绿色生产契约比较分析 ·················· 40
一、统一回收绿色生产契约定价分析 ·················· 41
二、两级回收绿色生产契约分析 ·················· 43
三、绿色生产回收契约比较分析 ·················· 46
第四节 分级回收下的绿色生产契约模型 ·················· 48
一、单位检测成本与分级数 ·················· 49
二、分级回收定价最优决策 ·················· 49
三、主要参数的灵敏度分析 ·················· 55
四、分级回收下的绿色生产契约定价影响 ·················· 57
本章小结 ·················· 60

第四章 绿色发展理念下闭环供应链质量分级协同模型构建 ·················· 62
第一节 模型描述与符号及函数设定 ·················· 62
一、研究背景 ·················· 62

二、模型描述 ·· 63
　　三、符号设定 ·· 64
　　四、函数界定 ·· 64
　第二节　闭环供应链双渠道基础模型 ························ 66
　　一、双渠道基础模型 ·· 66
　　二、模型求解 ·· 67
　　三、模型性质分析 ··· 68
　　四、解的性质分析 ··· 71
　第三节　绿色发展理念下的闭环供应链分级协同模型 ········ 75
　　一、考虑分级协同模型 ·· 76
　　二、模型性质分析 ··· 77
　　三、最优解的性质分析 ·· 78
　第四节　模型数值算例分析 ···································· 79
　　一、基础模型的数值算例分析 ································· 80
　　二、分级协同模型的数值算例分析 ···························· 88
　本章小结 ·· 93

第五章　绿色发展理念下的闭环供应链管理决策模型仿真 ··· 95
　第一节　闭环供应链系统仿真建模思路 ······················· 95
　　一、边界确定与基本假设 ······································ 95
　　二、系统结构与主要内容 ······································ 96
　第二节　闭环供应链分级回收长期决策的系统仿真 ·········· 97
　　一、模型的因果关系图 ·· 98
　　二、闭环供应链回收再制造系统流图 ························ 100
　　三、主要变量与系统方程 ····································· 101
　第三节　闭环供应链再制造产能分享的系统仿真 ············ 103
　　一、模型的因果关系图 ······································· 103
　　二、产能分享模式的系统流图 ································ 106

     三、主要变量与系统方程 …………………………………………… 107
  第四节　闭环供应链分级回收协同系统仿真 ………………………… 109
     一、模型的因果关系图 …………………………………………… 109
     二、分级协同的闭环供应链系统流图 …………………………… 113
     三、主要变量与系统方程 ………………………………………… 114
  本章小结 …………………………………………………………………… 116

第六章　绿色发展理念下的闭环供应链管理创新决策案例 ……………… 117
  第一节　潍柴动力（潍坊）再制造有限公司回收再制造分析 ……… 117
     一、潍柴动力（潍坊）再制造有限公司概况 …………………… 117
     二、主要的再制造产品类型 ……………………………………… 118
     三、主要旧件回收渠道情况 ……………………………………… 119
     四、旧件回收渠道服务现状 ……………………………………… 119
  第二节　逆向渠道分级回收系统的定价分析 ………………………… 120
     一、参数选取与说明 ……………………………………………… 120
     二、闭环供应链分级回收模型的仿真分析 ……………………… 121
  第三节　闭环供应链回收再制造分享产能预测 ……………………… 127
     一、参数选取与说明 ……………………………………………… 127
     二、回收再制造产能预测的仿真分析 …………………………… 127
  第四节　闭环供应链双渠道的分级契约分析 ………………………… 133
     一、参数选取与说明 ……………………………………………… 133
     二、闭环供应链双渠道的分级契约仿真分析 …………………… 134
  本章小结 …………………………………………………………………… 143

第七章　绿色发展理念下的闭环供应链管理策略建议 …………………… 144
  第一节　闭环供应链分级回收策略建议 ……………………………… 144
     一、制定科学的回收分级标准 …………………………………… 144
     二、提高产品性能与再制造率 …………………………………… 145

第二节 闭环供应链产能分享策略建议……146
一、互联网时代特征与再制造产能现状……146
二、搭建第三方的共享平台……147
三、产能分享实现链条共赢……147
四、柔性化智能化的再制造……148
五、提升消费者回收参与度……149

第三节 闭环供应链线上线下互补策略……149
一、政府有效的政策引导与宣传……149
二、闭环供应链路径的整体设计……150
三、加强闭环供应链的渠道建设……151

第四节 闭环供应链分级契约策略建议……152
一、线上线下互补与协调……152
二、分级回收下的绿色生产契约的制定……152
三、收入分成契约的制定……153
四、成本分担契约的制定……153
本章小结……154

第八章 总结与展望……155
第一节 研究结论……155
一、绿色发展理念下的闭环供应链管理创新的理论框架……156
二、闭环供应链绿色生产契约模型构建……156
三、绿色发展理念下的闭环系统供应链回收质量分级模型的构建……156
四、绿色发展理念下的闭环供应链分级回收长期决策模型……157
五、绿色发展理念下的闭环供应链再制造产能分享模型……157
六、绿色发展理念下的供应链闭环管理创新决策案例研究与策略建议……157

第二节 研究展望……158
一、考虑多个再制造商的情景……158

二、考虑其质量分布特征差异 ·················· 158
三、"再造产能＋产品"的线上分享 ·················· 158

参考文献 ·················· 160

第一章 绪 论

第一节 研究背景

一、绿色发展下的闭环供应链管理创新背景

习近平总书记在党的二十大报告中指出:"必须牢固树立和践行绿水青山就是金山银山的理念,站在人与自然和谐共生的高度谋划发展。"[1]加快发展方式绿色转型,是党中央立足全面建成社会主义现代化强国、实现第二个百年奋斗目标,以中国式现代化全面推进中华民族伟大复兴作出的重大战略部署,具有十分重要的意义。2024年6月,国家发展改革委等七部门发布《关于加快废旧物资循环利用体系建设的指导意见(2024—2027年)》(发改环资〔2024〕456号),提出2025年城市废旧物资回收利用率达85%,并建立粤港澳大湾区、成渝双城经济圈等区域性回收网络[2]。2025年1月工信部等十部门印发《再制造产业高质量发展行动方案(2025—2030年)》,计划2027年前建成50个国家级再制造产业园区,推动航空发动机、工业机器人等高端领域再制造,目标产业规模突破4 000

---

[1] 习近平.高举中国特色社会主义伟大旗帜 为全面建设社会主义现代化国家而团结奋斗——在中国共产党第二十次全国代表大会上的报告[EB/OL].新华网,(2022-10-25)[2025-02-01].https://www.xinhuanet.com/politics/cpc20/2022-10/25/c_1129079429.htm.

[2] 国家发展改革委等七部门.关于加快废旧物资循环利用体系建设的指导意见(2024—2027年)[Z].北京:人民出版社,2024:456[EB/OL].(2024-06-30)[2025-02-01].http://www.ndrc.gov.cn/xxgk/zcfb/ghwb/202406/t20240630_1354567.html.

亿元①。国家统计局《2024年国民经济和社会发展统计公报》显示,2024年我国单位GDP能耗较2020年下降6.8%,超额完成"十四五"目标。生态环境部数据显示,再制造产品全生命周期碳减排强度较传统制造降低65%,其中工程机械再制造部件可减少钢材消耗40%②。

中国科学院研究发现,中国2006年就成为最大的自然资源消费国,产生废料越来越多,在研究所涉及的59个国家中排名第56位。

2024年我国再生资源回收总量突破4.8亿吨,但动力电池规范回收率仅22%,新能源汽车退役电池年回收量从2023年的20万吨增至2024年的60万吨,梯次利用率不足30%。随着科技的飞速发展与消费市场的快速变化,产品更新换代进程显著加快,大量产品在远未达到理论使用寿命时便遭到淘汰。就工程机械领域而言,中国作为全球最大的工程机械市场,行业发展态势已从增量市场逐步转变为存量市场。据中国工程机械工业协会数据,截至2023年底,中国工程机械主要产品保有量在862万~934万台区间。③当前,近80%的在役工程机械即将超过保质期,设备更新需求强烈。伴随设备的快速迭代,2025年中国工程机械二手车市场规模预计将扩大至1 500亿元人民币④,凸显出该领域巨大的发展潜力与资源循环利用空间。汽车工业领域同样面临类似情况。公安部交管局发布的统计数据显示,2024年全国汽车保有量已达3.53亿辆,千人汽车拥有量为250辆⑤。汽车保有量与产量稳步增长的同时,报废汽车数量也随之逐年上升。自汽车以旧换新政策实施以来,截至2025年5月11日,累计补贴申请量已突破1 000万份,仅2025年1月至4月,报废汽车回收量就达到276.7万辆,同比增长65%⑥。现今,再制造已经成为业界和学术界共同关注的议题,企

---

① 工业和信息化部等十部门. 再制造产业高质量发展行动方案(2025—2030年)[EB/OL]. (2025-01-18)[2025-02-01]. http://www.miit.gov.cn/n1146295/n1652858/n1652930/n4509604/c89434372/content.html.

② 国家统计局. 2024年国民经济和社会发展统计公报[EB/OL]. 国家统计局官网,(2025-02-28)[2025-02-01]. http://www.stats.gov.cn/tjsj/zxfb/202502/t20250228_1900000.html.

③ 中国工程机械工业协会数据:2023年底中国液压挖掘机保有量191万~206.9万台[EB/OL]. 工程机械新闻网,(2024-07-24)[2025-03-11]. https://news.d1cm.com/20240724164658.shtml.

④ 单增海代表:建议推进工程机械二手车规范流转[EB/OL]. 中国新闻网,(2025-03-10)[2025-03-11]. https://baijiahao.baidu.com/s?id=1826175086770046009&wfr=spider&for=pc.

⑤ 公安部交管局. 2025年1月全国机动车保有量统计报告[EB/OL]. (2025-01-21)[2025-02-01]. http://www.mps.gov.cn/n2254098/n4904352/c89434372/content.html.

⑥ 商务部. 2025年1—4月报废机动车回收利用情况通报[EB/OL]. (2025-05-12)[2025-02-01]. http://www.mofcom.gov.cn/article/tongjiziliao/202505/20250501234567.shtml.

业也逐渐意识到再制造的重要性,开始采取积极主动的态度参与产品回收工作。再制造产业在资源循环利用、环境保护以及经济可持续发展等方面正发挥着愈发重要的作用,具有广阔的发展前景与市场潜力。

为了解决面临的环境、资源与发展问题,中国政府提出了一系列与可持续发展相关的新理念,包括闭环供应链、新型工业化道路、循环经济、节能减排、绿色经济和转变经济发展方式等。党的二十大报告明确指出,推动经济社会发展绿色化、低碳化是实现高质量发展的关键环节,绿色循环低碳发展是当今时代科技革命和产业变革的方向,是最有前途的发展领域。[①]

闭环供应链管理作为实现资源循环利用与经济可持续发展的重要理论与实践路径,近年来在企业管理领域与学术研究界引发广泛关注。其通过构建"生产-消费-回收-再制造-再生产"的闭合系统,有效解决传统开环供应链模式下资源浪费与环境污染等问题,成为推动绿色发展的核心范式。我国自"十一五"规划起,便将节能减排纳入国民经济与社会发展的核心战略布局,明确提出能耗强度降低20%、主要污染物排放减少10%的约束性指标,标志着我国经济发展模式从粗放型向集约型转变的政策导向确立。"十二五"期间,进一步以经济发展方式转型为主线,构建能源消费总量控制机制,启动碳排放权交易市场试点工作,通过市场机制推动产业结构优化升级,深化绿色低碳发展战略。至"十三五"规划阶段,"中国制造2025"战略持续推进,再制造业被正式纳入国家战略性新兴产业发展规划,明确提出到2020年实现再制造技术工艺达到国际先进水平、产业规模突破2 000亿元的发展目标,并通过实施高端再制造、智能再制造、在役再制造等多元化发展路径,完善产品认证体系,推动再制造产业规范化发展。进入"十四五"时期,我国工业绿色发展战略迎来深化阶段。党的二十大报告进一步将绿色低碳发展定位为实现高质量发展的关键环节,强调其作为新一轮科技革命和产业变革核心方向的战略地位,为闭环供应链管理理论创新与实践应用提供了重要政策指引。在此背景下,基于绿色发展理念的闭环供应链管理研究与实践创新,已成为学术界与企业界共同探索的前沿课题。

2024—2025年期间,我国围绕闭环供应链与再制造产业发展持续完善政策体系。2024年,国家发展改革委联合多部门发布《关于加快废旧物资循环利用

---

① 习近平.高举中国特色社会主义伟大旗帜 为全面建设社会主义现代化国家而团结奋斗——在中国共产党第二十次全国代表大会上的报告[EB/OL].新华网.(2022—10—25)[2025—02—01]. https://www.xinhuanet.com/politics/cpc20/2022—10/25/c_1129079429.htm.

体系建设的若干措施》,从顶层设计层面细化废旧物资回收网络优化、再生资源深加工技术升级等实施路径,通过政策引导推动供应链全流程资源循环效率提升①。从产业发展数据来看,再制造产业呈现高速增长态势。根据中国汽车工业协会统计数据,2024年我国报废机动车回收量达379.8万辆,同比增幅达36.8%;2025年1—4月,在汽车以旧换新政策驱动下,报废汽车回收量进一步攀升至276.7万辆,同比增长65%,为汽车零部件再制造产业提供了充足的原材料供给。通过再制造技术对发动机、变速器等核心部件进行修复与性能升级,不仅有效降低了原生资源消耗,更显著减少了新产品生产过程中的碳排放。2025年工程机械二手车市场规模预计达1 500亿元,为工程机械再制造产业创造了巨大的市场空间。通过再制造技术对旧设备进行功能性恢复与智能化改造,可使设备使用寿命延长3~5年,显著提升资源全生命周期利用效率。在技术创新层面,人工智能、大数据、物联网等新一代信息技术与再制造产业深度融合,推动产业技术范式变革。基于大数据分析的产品寿命预测模型,可精准识别待回收产品零部件的剩余价值,优化再制造生产计划;人工智能视觉检测技术的应用,实现了再制造零部件质量检测的自动化与智能化,提升生产效率与产品质量。产学研协同创新机制不断完善,高校与科研机构围绕再制造关键技术开展联合攻关,形成了从基础理论研究到工程应用的完整创新链条,为产业技术升级提供持续动力。

综上所述,在国家战略政策驱动、产业数据增长支撑与技术创新赋能的多重作用下,闭环供应链管理理论与实践已成为我国实现经济社会绿色低碳转型的重要路径。再制造产业作为闭环供应链的核心环节,其发展水平不仅关乎资源循环利用效率与生态环境保护成效,更对构建现代化产业体系、实现高质量发展具有重要战略意义。

为了解决面临的环境、资源与发展问题,中国政府提出了一系列与可持续发展相关的新理念,包括闭环供应链、新型工业化道路、循环经济、节能减排、绿色经济和转变经济发展方式等发展具有重要战略意义。

---

① 国家发展改革委等七部门. 关于加快废旧物资循环利用体系建设的指导意见(2024—2027年)[Z]. 北京:人民出版社,2024:456[EB/OL]. (2024-06-30)[2025-02-01]. http://www.ndrc.gov.cn/xxgk/zcfb/ghwb/202406/t20240630_1354567.html.

二、绿色发展下的闭环供应链管理面临的挑战

绿色发展是以提升效率、实现人与自然和谐,以及可持续发展为主要目标的经济增长和社会发展方式,代表当今科技和产业变革方向,是世界发展的大势所趋。闭环供应链中"资源-产品-废旧产品-再制造产品"的发展模式,在能源节约、资源循环、碳减排等方面效果显著,成为支持绿色发展的重要抓手之一。根据生态环境部《中国再生资源回收行业发展报告(2024)》显示,2024年动力电池回收渠道不畅导致每年损失碳减排潜力约1.2亿吨,反映出闭环供应链在新兴领域面临的突出问题,可以归纳为以下几个方面:

(一)"增量不增质"的窘境

作为制造大国,我国机电产品保有量庞大。截至2024年底,根据公安部统计数据表明,全国机动车保有量达4.53亿辆。截至2023年,保有量约800万台,电机累计保有量高达15亿千瓦。如此巨大的基数,使得再制造成为实现机电产品资源化循环利用的关键途径之一。当前,再制造产业聚焦于盾构机、航空发动机与燃气轮机、汽车零部件、重型机床及油气田装备等关键部件领域。通过绿色基础共性技术和专用装备的研发应用,推动这些在国民经济中具有重要战略地位、经济带动潜力大且价值高的机电产品实现循环利用。再制造绝非简单的维修,其产品在性能与质量上不仅不逊色于原产品,甚至往往更优,在节能、节材、环保等方面具有显著的社会效益与经济效益。研究表明,与制造新品相比,再制造产品可节能60%、节材70%、降低成本50%,且几乎不产生固体废物,大气污染物排放量降低80%以上。

然而,在闭环供应链的发展进程中,废旧产品回收环节普遍面临"增量不增质"的困境。以废旧电器电子产品领域为例,随着科技飞速发展,电子产品更新换代节奏不断加快。智能手机、笔记本电脑等产品的迭代周期愈发短暂,市场上新产品层出不穷。与之相伴的是,大量废旧电器电子产品遭到淘汰。2021年,我国仅电视机、电冰箱、洗衣机、房间空调器和微型计算机这五类常见电器电子产品的理论报废量就约达2.08亿台。此后,废旧电器电子产品的产生量以每年3%~5%的速度持续增长。据预测,到2030年,全球电子垃圾数量将升至7 470万吨。

尽管我国每年废旧电器电子产品的报废量极为可观,但是具备正规再制造资质、能够对其进行妥善回收处置的企业却数量有限。大量废旧电子产品流入

非正规回收渠道,这些渠道往往缺乏专业的回收技术与环保处理设施,不仅难以实现资源的有效回收利用,还因粗放式拆解与处置方式,对环境造成严重污染。例如,废旧电子产品中的重金属(如铅、汞、镉等)和有害物质(如溴化阻燃剂等)若未经专业处理,一旦泄漏,将对土壤、水源和空气造成长期且难以修复的污染,威胁生态平衡与居民健康。

在机床再制造领域,我国机床保有量庞大,且每年以3%左右的速度淘汰老旧损耗机床,即每年约有24万台机床面临淘汰。但由于再制造技术标准不统一、市场监管不完善等因素,部分再制造机床产品质量参差不齐,未能充分发挥再制造应有的性能提升与资源节约优势。一些小作坊式的再制造企业,在缺乏先进技术与专业设备的情况下,简单翻新机床外观,而内部关键部件的性能并未得到实质性修复与提升,导致再制造机床在精度、稳定性等关键指标上远低于新品标准,无法满足工业生产的高质量需求,这也在一定程度上影响了市场对再制造产品的信任度。

综上所述,我国再制造产业在规模扩张的同时,回收环节"增量不增质"的问题突出,亟待通过完善政策法规、强化市场监管、提升技术水平等多维度举措,加以解决,以推动再制造产业健康、高质量发展。

(二)非法回收的监管缺失

面临着报废车回收市场非法拆解的压力下,近年来虽然有回收量的增长,但是仍是处于"吃不饱"的状态。

非法拆解点在环保、拆解技术等方面未达到报废汽车合法拆解的准入门槛,但在利益驱动下,尽管没有取得相关资质,仍然非法回收废旧车辆并给出几倍的回收价格。

全国每年汽车的报废汽车的注销量是很大的,但真正由报废汽车资质企业回收拆解的数量远远低于注销车辆,回收率仅在30%左右。

在报废车回收领域,尽管近年来报废机动车回收数量呈现增长态势,2024年全国报废机动车回收数量达379.8万辆,同比增长36.8%,但合法合规的回收拆解企业普遍面临"吃不饱"的困境,根源在于非法拆解活动的猖獗。

大量非法拆解点游离于监管之外,在环保设施配备、拆解技术水平等方面,远未达到报废汽车合法拆解的准入标准。然而,受利益驱使,即便未取得相关资质,这些非法拆解点仍大肆回收废旧车辆。与正规回收企业相比,它们给出的回收价格往往高出数倍。

从数据对比来看,我国汽车报废量持续攀升,2023年我国报废汽车数量达到1 680万辆,预计2025年将达到2 200万辆。但真正流入具备资质的报废汽车回收拆解企业的车辆数量却与之相差甚远。相关统计显示,全国每年报废汽车的注销量庞大,然而由报废汽车资质企业回收拆解的数量仅占注销车辆的30%左右,其余大部分车辆流入了非法拆解渠道。

非法拆解点不仅扰乱了正常的报废汽车回收市场秩序,还带来诸多严重问题。在环保方面,报废汽车含有大量有害物质,如铅、汞、镉、多溴联苯、多溴二苯醚等。非法拆解点在拆解过程中,由于缺乏专业环保处理设施,这些有害物质极易泄漏,对土壤、水源和空气造成严重污染,威胁生态环境与居民健康。从公共安全角度,非法拆解点将拆解后的零部件随意售卖,部分存在安全隐患的零部件重新流入市场,用于拼装二手车或维修其他车辆,给道路交通安全埋下巨大隐患。例如,一些非法拆解的制动系统、转向系统零部件,因未经过严格检测与修复,一旦在车辆行驶过程中出现故障,极有可能引发严重交通事故。

作为"工程机械之王"的盾构机技术复杂、造价高昂,一台常规盾构机价格可达数千万元,大型盾构机甚至过亿。至2024年我国盾构机保有量大概5 000台,位于世界第一。随着建筑工程市场从增量向存量转变,盾构机需求缩减,大量盾构机面临闲置或待升级改造。像中建二局盾构基地开展闲置盾构机再制造业务,成效显著,已完成20余台盾构机再制造,仅2024年合同金额达3 000余万元。然而,仍然存在部分不具备专业再制造能力的小作坊或个人,虽然缺乏盾构机再制造所需的先进技术、专业设备与合格场地,对回收的盾构机随意拆解、拼装。而且经其"处理"后的盾构机若流入市场并投入使用,将因性能无法保障,给隧道施工带来极大安全风险。由于盾构机定制化程度高,每个工程对其技术参数要求不同,非法回收者难以对其进行精准再制造以匹配新工程需求,进一步扰乱行业秩序。

尽管国家出台了一系列法律法规,如《报废机动车回收管理办法》明确规定,未经资质认定,任何单位或者个人不得从事报废机动车回收活动,但是由于监管力量分散、执法难度大等原因,非法回收拆解行为屡禁不止。当前,亟须加强多部门协同监管,加大执法力度,提高违法成本,同时提高正规回收企业的回收价格与服务质量,引导车主将报废车辆送往正规渠道处理;在盾构机等大型设备领域,完善行业规范与监管机制,加强对闲置设备流向的管控,以保障报废汽车及大型设备回收行业的健康发展,维护生态环境与公共安全。

(三)回收不确定性难把控

闭环供应链中,逆向的回收再制造运作不同于正向的产品生产制造,它属于离散型的运作模式,再制造规模、批量与作业控制等会受到废旧产品回收的不确定性因素影响。回收再制造源头的不确定性涉及废旧产品回收质量分布的不确定性、回收规模的不确定性、废旧产品回收周期的不确定性等诸多方面,大大增加了再制造运作管理的复杂性。我国企业自1995年涉足再制造领域以来,虽然再制造借助专业化修复能使旧件达到新产品相同的质量和性能,但旧件回收一直是困扰再制造企业的首要难题。对金桥再生资源公司、瑞贝德汽车再制造与博世再制造的调研也印证了这一点,旧件回收的问题突出表现在:回收数量少、回收周期长和质量不均衡等方面,这使得再制造成本高且再制造活动忙闲不均,无法充分利用产能,阻碍再制造产业的发展。中国汽车技术研究中心数据显示,截至2024年底,全国新能源汽车保有量达2600万辆,但配套再制造产能仅仅满足15%的退役电池回收需求。通过调研与访谈,国内再制造企业的回收渠道主要依靠主机厂,主机厂的旧件多为保修件,使用年限不长、检测简单、整体回收质量较高且稳定,再制造商主要是采用统一价格从这个渠道回收旧件,而能够落实分级回收再制造的再制造企业很少。然而,国内第三方平台以及销售渠道开始尝试分级回收,例如爱回收网(http://www.aihuishou.com/)针对手机、平板电脑、笔记本、摄影摄像等电子产品以及家用电器搭建了回收第三方平台,通过品牌、型号、购买渠道、维保信息、外观以及功能评价给出参考回收价格,如果消费者接受该回收价格可以选择上门回收或者快递回收的形式完成交易。但是作为第三方平台,其关注点聚焦在回收环节,其回收报价采用多家商家竞价模式,而且其面对的产品主要是电子产品以及家用电器,回收后主要用于二手商品销售与材料再利用,不涉及再制造环节。回收再制造系统中,旧件质量会直接影响再制造活动,为有效调节回收质量与回收规模,作为主导者的再制造商有必要加强回收质量标准评价机制建设,制定有效的旧件回收定价策略来激发回收渠道活力,扩大回收规模,提高回收效率,促进再制造产业规模化良性发展。闭环供应链中逆向渠道不确定性以及由此导致的闭环供应链管理的复杂性是闭环供应链发展中遇到的显著困难之一。

(四)正向逆向渠道的合作

闭环供应链既涉及传统供应链中的供应、生产、配送等系列活动,又涉及逆向供应链中的旧件回收、逆向物流、检测与分类、产品再利用、再配送等活动,通过对正向、逆向供应链的整合,实现闭环供应链的运作。闭环供应链作为一个"环",需要协调供应链资源的分配与共享,例如:产品分销渠道可以作为废旧产品的回收渠道,实现部分旧件回收;以整个闭环供应链的利益为重,做出相应决策,例如:在新产品定价与再制造产品定价上做出平衡。

从决策层面来看,闭环供应链需要以整个系统的利益为重做出相应决策。以新产品定价与再制造产品定价为例,企业需充分考量消费者对两类产品的价值认知差异、市场竞争态势以及再制造成本等因素。研究表明,消费者因收入约束、环保意识提升以及对新产品的偏好,在新产品和再制造产品间存在转换购买行为,这易引发市场"蚕食效应",使销售者陷入降价恶性循环。企业要制定合理价格体系,平衡两者关系。如在汽车零部件再制造领域,卡特彼勒对再制造发动机的定价,会综合评估新发动机市场价格、再制造过程中的拆解、修复、检测成本,以及消费者对再制造发动机性能的接受程度等。通过精准测算,卡特彼勒制定出既保证利润空间,又具市场竞争力的再制造发动机价格,与新产品形成互补的价格矩阵,满足不同客户群体需求,提升整体市场份额。

正向与逆向渠道的深度合作,是闭环供应链高效运作的关键。通过整合资源、优化定价决策等举措,企业能在实现经济效益的同时,践行环保责任,推动行业可持续发展,为应对资源短缺与环境挑战提供有力支撑。

(五)不同主体的冲突摩擦

闭环供应链中会存在多个主体,例如:生产商负责制造与再制造,服务商需要提供正向渠道、逆向渠道服务以及线下产品的销售,不同主体决策与利益不同。要实现不同主体之间的协调合作,需要借助收入分成契约、成本分担契约、分级回收定价契约、线上线下互补契约等一系列的契约来约束、引导他们的决策与行为。而且,随着时间的推移,闭环供应链中不同主体间存在的动态冲突与摩擦是闭环供应链发展中遇到的另一困难。《2025年循环经济发展规划》明确要求,到2025年再生资源加工利用量达到5.5亿吨,比2020年增长40%。这要求闭环供应链必须缓解不同主体的冲突与摩擦,实现闭环供应链整体在资源循环效率上实现质的提升。

第二节 研究意义

习近平总书记指出,"新时代抓发展,必须更加突出发展理念,坚定不移贯彻创新、协调、绿色、开放、共享的新发展理念。"[①]绿色发展是新发展理念的重要组成部分,绿色决定着发展的成色。加快发展方式绿色转型,就是要坚持和贯彻新发展理念,正确处理经济发展和生态环境保护的关系,把经济活动、人的行为限制在自然资源和生态环境能够承受的限度内,不再简单以国内生产总值增长论英雄,改变传统的"大量生产、大量消耗、大量排放"的生产模式和消费模式,使资源、生产、消费等要素相匹配相适应,实现经济社会发展和生态环境保护协调统一、人与自然和谐共生。绿色发展理念下,闭环供应链的管理创新尤为重要,如何协调闭环供应链各主体之间的关系,减弱质量不确定性的影响,加快绿色转型,让闭环供应链成为绿色发展方式变革的有效路径显得尤为重要。闭环供应链有利于通过旧件的回收再利用,从根本上缓解经济发展与资源环境约束的矛盾。本书的理论意义与实践意义如下:

一、理论意义

如何通过闭环供应链管理创新来减弱产品(含新品与再制造产品)销售市场存在不确定性与复杂性,减弱回收再制造的旧件回收过程中输入同样存在质量与数量的不确定性,来实现绿色发展理念下闭环供应链的良性运营。这些不确定性使得闭环供应链的生产决策中要考虑的因素更多,且因素间的关系更为复杂。本研究通过构建闭环供应链回收再制造的理论框架,考虑O2O互补性双渠道闭环供应链的绿色生产契约优化,并对回收再制造子系统展开深入分析,探讨分级回收机制下回收再制造系统的表现,在此基础上探讨一个较长时期内制造商的产能扩大决策、回收投资决策以及产能分享决策。本书主要形成以下主要观点:闭环供应链的运行包括原材料采购、产品制造、产品销售、废旧品回收、利

[①] 中国经济网.中央经济工作会议在北京举行部署 2020 年经济工作[EB/OL].(2019-12-13)[2025-05-16]. http://finance.ce.cn/stock/gsgdbd/201912/13/t20191213_33844533.shtml.

用废旧品再制造以及再造品销售六个基本环节。由于利用废旧品进行再制造完全属于技术的范畴,因此在闭环供应链的研究中通常主要考虑废旧品的回收和再造品(利用废旧品再制造的产品)的销售两个方面。闭环供应链的生产决策研究是连接闭环供应链理论与闭环供应链的桥梁。闭环供应链生产决策理论通过剖析闭环供应链实践运作中遇到的问题,将其提升至理论层面,并不断调整、深化研究,丰富闭环供应链的相关理论。本书的理论价值可以从以下几方面分析:

第一,废旧产品回收数量、回收质量是影响再制造决策的关键因素。废旧产品输入的难以预测,加大了再制造系统的复杂性,通过探索回收质量控制的途径,借助分级回收契约设计来调节回收再制造的运作。结合目前汽车发动机回收再制造的实践,探索分级回收契约的实施条件。将回收质量作为决策变量,利用分级回收契约对回收再制造系统输入不确定性的处理,在理论上将闭环供应链回收环节的研究向前推进了一步,使得理论研究更加贴切实际。

第二,在互联网背景下,研究分级协同O2O互补性双渠道闭环供应链,制造商通过网络平台的搭建,促进产品线上销售,并通过该平台发布相应的回收价格、渠道等信息来激发消费者的旧件返回意愿。线下服务商负责部分产品销售与废旧产品的分级回收工作,对应在正向销售渠道与逆向回收渠道上提供系列服务。结合目前闭环供应链的实践难点,通过对分级回收定价、销售收入分成、渠道成本分担、回收转移支付的梳理,通过"收益共享契约"协调分级协同O2O双渠道闭环供应链,进而为闭环供应链决策理论发展提供有价值的参考。

第三,思考分级回收下的回收再制造系统长期表现。分级回收契约对闭环供应链的影响会存在一个持续效应,本书尝试观察其长期表现。在五十年这个比较长的时期内,闭环供应链系统还需要考虑产能扩大决策,何时扩大产能?扩大多少产能?如何利用现有产能?等系列问题,这些问题在不同的分级回收契约下有何表现?分级回收契约下闭环供应链的契约动态表现如何?对于上述问题,本书都展开了讨论,进一步挖掘了闭环供应链系统持续发展理论研究的深度。

二、实践意义

绿色发展作为新发展理念的关键构成,深刻影响着经济发展的底色与质量。党的二十届三中全会《决定》着重提出,要健全提升产业链供应链韧性和安全水平制度,这为产业发展在绿色转型背景下指明了方向。加快发展方式绿色转型,核心在于秉持并践行新发展理念,妥善处理经济发展与生态环境保护间的关系,将经济活动及人类行为严格限定在自然资源与生态环境的承载范围内。摒弃单纯以国内生产总值增长论英雄的传统观念,变革"大量生产、大量消耗、大量排放"的固有生产与消费模式,促使资源、生产、消费等要素实现精准匹配与协调适应,达成经济社会发展与生态环境保护的和谐统一,推动人与自然的共生共荣。

在绿色发展理念的引领下,闭环供应链的管理创新显得尤为关键。如何有效协调闭环供应链各主体间的关系,削弱质量不确定性带来的负面影响,加速绿色转型进程,使闭环供应链切实成为推动绿色发展方式变革的有力途径,已成为亟待解决的重要课题。随着科技的迅猛发展,产品更新换代步伐不断加快,大量产品在尚未达到使用寿命终点时便遭淘汰。以废弃电子垃圾为例,据相关研究表明,一吨矿石中黄金含量若超过 5 克即可视作富矿,然而在一吨电视机主机板中,黄金含量却高达 80 克,甚至 150 克。这些废弃电子垃圾不仅对环境造成严重危害,还导致大量宝贵资源的浪费。

在此形势下,再制造产业逐渐成为关注焦点,吸引了越来越多企业投身其中,积极实践闭环供应链运营模式。企业期望借助再制造活动,大幅降低生产成本,获取更为丰厚的经济利润,同时赢得社会认可。但现实中,再制造前期投入巨大,却难以迅速转化为经济效益,致使再制造产业虽前景广阔,却发展滞后,远不及工业制造业的高速增长态势。深入剖析原因,再制造产业利润可观的前提是形成一定规模效应,而当前国内闭环供应链中的再制造、再利用环节规模尚未达标,旧件回收在政策扶持与渠道建设等方面也存在诸多问题。基于对这些问题的深入思考,本书展开系统研究,从以下几个方面凸显其实践意义:

第一,针对闭环供应链逆向渠道中再制造企业面临的旧件回收难题,本书从回收渠道与回收契约两个层面深入探究并给出针对性建议。在互联网蓬勃发展的当下,积极开拓线上平台发布回收信息,与产品销售环节紧密配合,促进闭环供应链的高效运作。比如,一些企业搭建专门的回收 APP,消费者可通过 APP 便捷查询回收网点、预估回收价格并预约上门回收服务,有效提升回收效率。同时,通过深入探讨回收产品质量与回收数量、再造成本之间的关联,借助不同"质量—价格"包的"自我选择"机制,使拥有高质量废旧产品的消费者更有意愿接受产品质量检验或主动提供质量证明,再制造商也能借此机制获取更多优质废旧产品用于再制造。

第二,在互联网深度渗透的大背景下,本书聚焦分级协同 O2O 的互补性双渠道闭环供应链展开研究,运用收益共享契约实现闭环供应链的协调发展,为有意尝试"线上线下结合"运营模式的闭环供应链企业提供切实可行、极具实用价值的建议。本书的研究成果能够助力更多企业借鉴此类成功经验,优化自身供应链运营。

第三,针对再制造产能利用率不高与长期规划困难的问题,本书尝试从利用回收再制造的持续发展模型展开深入探讨。回收数量少且回收时间不确定,致使再制造活动难以均衡开展,产能无法得到充分利用。本书创新性地提出线上产能信息公布与产能分享思路,并强调产能规划需综合考量产能利用现状、再制造商收益状况、再制造需求预期等多方面因素。这些研究成果能够为闭环供应链上的企业实践提供科学的理论指导,具有重要的实践意义,有助于推动再制造产业突破发展瓶颈,实现可持续发展,进而为我国绿色发展目标的达成贡献力量。

第三节 研究框架

研究框架从研究目的出发,分析了基于回收质量分级的复杂闭环供应链决策优化的研究思路与研究方法,具体内容如下:

一、研究目的

面对上述问题,闭环供应链企业需要从源头加强对旧件回收的控制,提高回收质量的可视度,减轻回收质量与回收数量的不确定性对逆向闭环供应链系统的影响;需要通过契约协调闭环供应链各主体关系,实现线上线下优势互补、共赢持续发展的态势。

二、研究思路

习近平总书记在党的二十大报告中指出:"必须牢固树立和践行绿水青山就

是金山银山的理念,站在人与自然和谐共生的高度谋划发展。"[1]加快发展方式绿色转型,是党中央立足全面建成社会主义现代化强国、实现第二个百年奋斗目标,以中国式现代化全面推进中华民族伟大复兴作出的重大战略部署,具有十分重要的意义。推动绿色低碳发展是国际潮流所向、大势所趋,绿色经济已成为全球产业竞争制高点。

本书着眼于加快发展方式的绿色转型,探讨绿色发展理念下的供应链闭环管理创新,以期推动绿色发展方式并缓解经济发展与资源环境约束的矛盾。篇章结构包括七个部分,遵循以下思路展开:研究背景与研究框架(前提)→绿色发展理念下的供应链闭环管理的理论框架(理论基础)→互补性闭环供应链双渠道绿色生产契约优化(创新1)→供应链回收质量分级模型的构建(创新2)→供应链分级回收长期决策模型(创新3)→供应链再制造产能分享模型(创新4)→绿色发展理念下的供应链闭环管理决策案例研究与策略建议(归宿)。技术路线的展开方式如图1.1所示。

三、研究方法

本书遵循"发现问题-分析问题-解决问题"的逻辑框架,采用定性分析和定量分析相结合,理论研究与实证分析相结合的方法展开研究。

(一)文献分析

在国内外现有研究的基础上,对文献进行归纳梳理,形成本书思路与研究视角;借鉴现有文献中该领域观点与理论;采纳部分文献中比较成熟的函数形式。

(二)调查研究

通过对再制造行业最新资讯、再制造企业公开信息的查询、行业会议的交流、二手市场的调查等渠道发现问题、提炼问题。

(三)理论研究

运用收益共享契约的相关理论分析闭环供应链上各利益相关方之间的关系;研究闭环供应链分级回收再制造理论模型。

(四)数理模型

明确研究对象,在一定假设条件下,设定相应的变量与参数,运用博弈理论

---

[1] 习近平. 高举中国特色社会主义伟大旗帜 为全面建设社会主义现代化国家而团结奋斗——在中国共产党第二十次全国代表大会上的报告[EB/OL]. 新华网,(2022-10-25)[2025-02-01]. https://www.xinhuanet.com/politics/cpc20/2022-10/25/c_1129079429.htm.

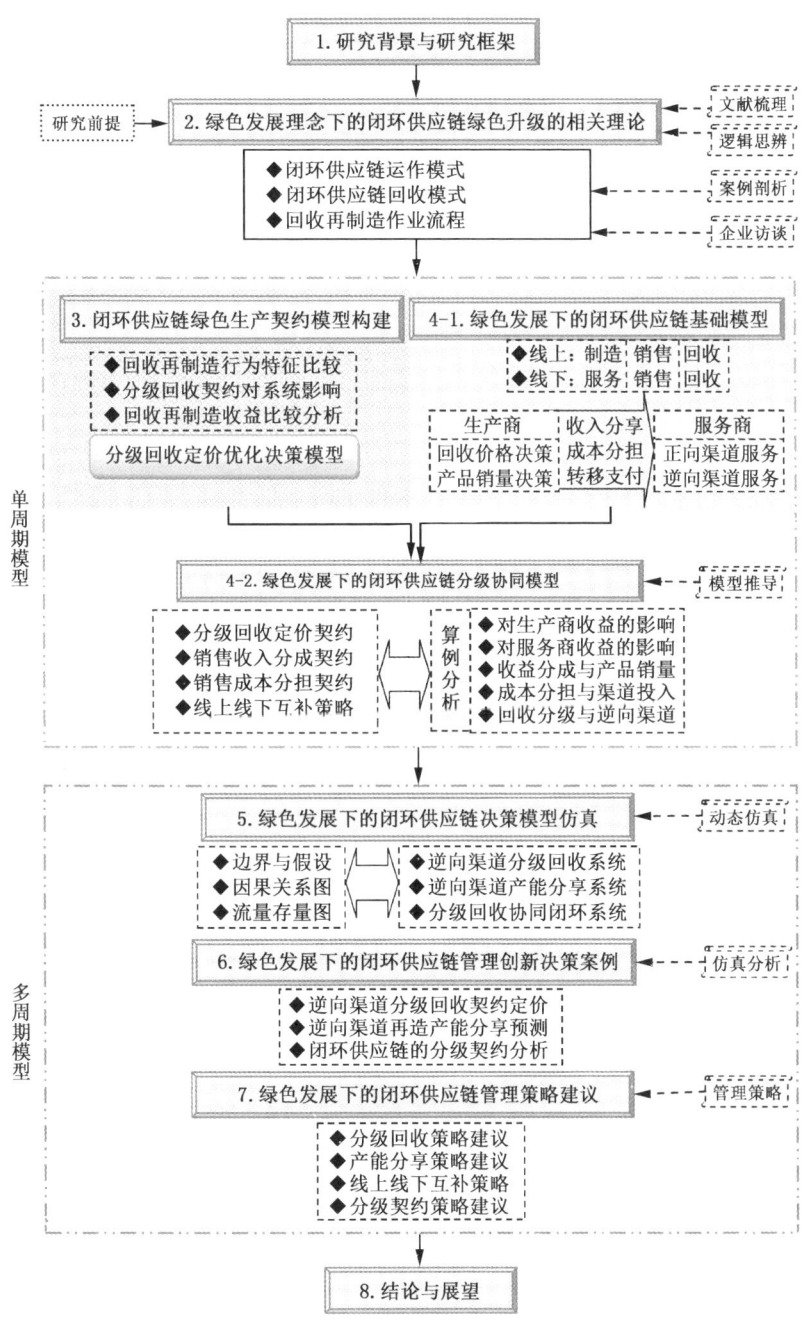

图 1.1 技术路线图

分析构建 O2O 互补性闭环供应链的收益共享契约优化模型。并在基础模型的基础上放松约束,使得讨论更具研究价值与实际意义。

（五）仿真模拟

对考虑一个较长时期内的闭环供应链回收再制造系统表现,采用仿真手段模拟诸多因素的复杂关系,来验证模型的结论,对理论模型进行改进与完善。

（六）案例分析

将所有的理论和方法应用于实践,选择典型案例企业,根据实践中反馈的信息改进和完善理论研究、方法体系和量化模型；在不同情景下,给出具体的政策改进建议。

四、研究内容

习近平总书记指出,"新时代抓发展,必须更加突出发展理念,坚定不移贯彻创新、协调、绿色、开放、共享的新发展理念。"[①]绿色发展是新发展理念的重要组成部分,绿色决定着发展的成色。加快发展方式绿色转型,就是要坚持和贯彻新发展理念,正确处理经济发展和生态环境保护的关系,把经济活动、人的行为限制在自然资源和生态环境能够承受的限度内,不再简单以国内生产总值增长论英雄,改变传统的"大量生产、大量消耗、大量排放"的生产模式和消费模式,使资源、生产、消费等要素相匹配相适应,实现经济社会发展和生态环境保护协调统一、人与自然和谐共生。绿色发展理念下,闭环供应链的管理创新尤为重要,如何协调闭环供应链各主体之间的关系,减弱质量不确定性的影响,加快绿色转型,让闭环供应链成为绿色发展方式变革的有效路径显得尤为重要。

第一,加快发展方式绿色转型是贯彻落实新发展理念的战略要求。

基于互联网背景,思考绿色发展理念下,由线上制造商和线下服务商构成的新型供应链系统的闭环管理创新问题。制造商负责产品制造/再制造、线上产品销售；服务商负责线下产品销售、旧件回收以及正逆向渠道服务。构建制造商与服务商的协调合作机制,在考虑销售收入分成、渠道投入分担、线上销售比例、回收转移支付等因素的情况下,对制造商回收与销售以及服务商渠道服务努力水平的最优决策展开分析。

第二,为提升闭环供应链绿色发展效能,应对回收不确定这一困扰供应链闭

---

① 中国经济网.中央经济工作会议在北京举行部署 2020 年经济工作[EB/OL].(2019－12－13)[2025－05－16].http://finance.ce.cn/stock/gsgdbd/201912/13/t20191213_33844533.shtml.

环管理的突出问题,提出分级回收再制造模型。从"对回收不确定性的有效控制"的视角切入,假定废旧产品的回收质量内生于再制造商的回收策略,这是不同于以往定量模型的最大区别。这一假设也是合理的,因为再制造商可以通过回收标准与分级回收价格的制定来筛选、分类实际回收的废旧产品,并为之后的分类再制造提供了便利。模型在此基础上,讨论废旧产品回收价格对回收质量的筛选作用,探索回收机制对回收质量的分级控制,构建分级回收定价优化决策模型,对分级数、分级标准、分级价格等展开分析。

第三,为提升绿色发展理念下的闭环供应链效能,考虑分级回收机制对回收再制造生产决策的长期影响。在原模型对回收再制造生产决策研究的基础上,加入对产能扩大决策、回收投资决策的思考,并从治理机制的角度出发,比较分析不同分级回收价格机制下再制造商收益、再制造产能、回收质量的长期趋势,提出分级回收定价的长期决策策略。

第四,绿色发展理念下,在闭环供应链中考虑再制造产能忙闲不均,产能利用不高的问题,构建产能分享的回收再制造系统动力学模型,将再制造商阶段性过剩产能借助第三方平台分享给社会再制造产能需求方,切实解决闭环供应链管理中的痛点问题。对传统模式与产能分享模式下回收再制造系统动力学模型展开比较分析。

加快发展方式绿色转型是实现高质量发展的应有之义。党的二十大报告指出,"推动经济社会发展绿色化、低碳化是实现高质量发展的关键环节。"[①]加快发展方式绿色转型,就是要改变过多依赖增加物质资源消耗、过多依赖规模粗放扩张、过多依赖高能耗高排放产业的发展模式,闭环供应链的管理创新是一条有效途径,通过推进各类资源节约集约利用、转变资源利用方式、提高资源利用效率来加快发展方式的绿色转型。本书从绿色发展理念下,探究闭环供应链对于资源节约利用的实践,力求通过理论模型构建与数据仿真验证,避免经验式的表层研究,有效解决闭环供应链管理中的痛点与难点问题,为绿色发展下的供应链闭环管理创新问题提供研究思路与策略建议。

---

① 习近平. 高举中国特色社会主义伟大旗帜 为全面建设社会主义现代化国家而团结奋斗 —— 在中国共产党第二十次全国代表大会上的报告[EB/OL]. 新华网,(2022－10－25)[2025－02－01]. https://www.xinhuanet.com/politics/cpc20/2022－10/25/c_1129079429.htm.

第二章 绿色发展理念下闭环供应链管理创新的相关理论

第一节 闭环供应链回收模式

一、闭环供应链的回收模式

通过再制造企业调研,现有的再制造实践大多围绕机械类、电子类产品的核心部件展开,例如,汽车再制造主要针对发动机、变速箱、转向器、驱动桥、制动系统(行业统称"五大再制造件")等高价值部件,打印机制造商主要针对硒鼓进行回收再制造。现有的再制造回收模式主要有制造商自主回收,专卖店销售商或第三方专业回收商回收,以及制造商与其他主体联合的回收模式。

(一)自主回收模式

自主回收模式下,制造商直接或通过配送中心回收废旧零件,制造商自营废旧产品回收仓库与回收中心,用户可以直接将废旧产品送交给制造商,如图 2.1 所示。例如,济南复强动力发动机旧件的主要来源是以公交公司为代表的大型客户和军队类特殊用户,双方长期合作,旧件来源数量与频率相对稳定。

制造商通常拥有物流配送中心与分布广泛的零售商与维修服务点,可以逆向运作,从而构成废旧产品回收的回收渠道。用户将废旧产品交给配送中心、零售商或维修站点,然后批量送达制造商指定地点进行再制造。

这种模式将产品售后、配送、安装、维修和回收整合,建立基于销售网络的废旧产品回收网络,对运输、仓储、人力资源加以利用,提高废旧产品回收效率,成为常见的废旧产品回收模式之一。

制造商直接回收模式的实践中,部分制造商通过向消费者提供预付费信箱,

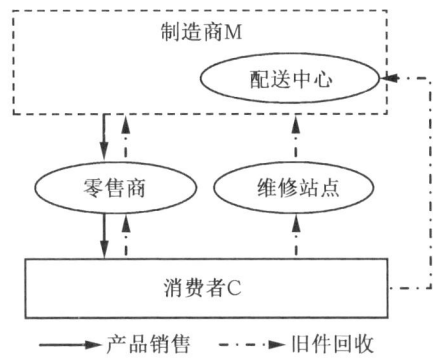

图 2.1　制造商直接回收模式

使消费者可以免费将产品邮寄给制造商,如施乐复印机回收业务;部分制造商对废旧产品采用上门回收产品或者在安装新产品时将废旧产品加以回收,如 DELL 电脑公司的回收业务。

(二)外包回收模式

外包回收模式中,制造商可以将回收作业外包给零售商或第三方回收商,由他们负责对回收的废旧产品分类仓储,如图 2.2 所示。该回收模式的优势在于回收来源范围广、回收率高、回收渠道便利。

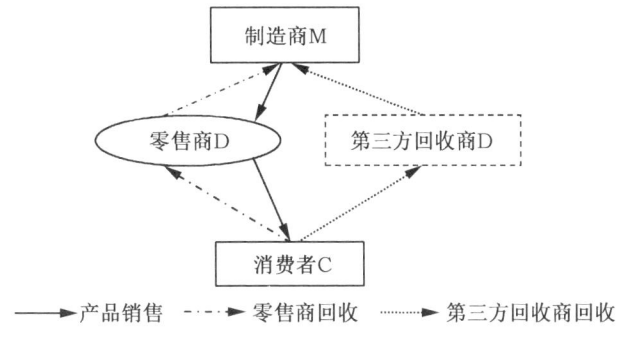

图 2.2　第三方废旧产品回收模式

由于零售商负责产品销售、售后服务、零配件服务等,当消费者到零售商处检修并需要更换零部件时,零售商可以直接从消费者手中回收更换下来的废旧零部件,当存储达到一定批量后统一送至制造商处进行再制造。制造商只需支付相应的回收费用,在一定程度上降低回收成本,提高回收率。

零售商回收的旧件可以分为保修期内和保修期后两类。保修期内的旧件如果是质量问题,所有产品必须送回到厂家,检查哪方面出现问题,以便改进。返回问题旧件因质量问题不能再制造,除了部分用于教学或拆装培训,其他不再流入市场而被再生处理。若返回问题旧件可以达到再制造质量标准,则进入再制造流程。保修期外的旧件若符合再制造条件,可经由回收渠道返回再制造。柯达相机在回收一次性相机时,与一次性相机销售店合作,当顾客冲洗照片时将使用过一次性相机加以回收。

如果制造商由于回收规模不经济或自身实力难以涉及回收业务,可以考虑通过委托代理机制,以协议方式委托专业的第三方回收商代为回收废弃产品,即第三方回收模式。该模式下,制造商将回收与仓储职能外包,将主要资源与能力集中在制造、再制造的研发;第三方回收商通过提供高质量的专业化回收仓储服务,有利于实现规模效应;制造商根据废旧产品回收数量支付给第三方企业一定的费用。汽车行业中,如美国三大汽车业"巨头"通用、福特和克莱斯勒都曾采用这种方式。

(三)联合回收模式

联合回收模式涉及制造商与零售商、第三方等不同回收主体联合回收,以及制造商之间联合回收的模式。制造商与不同回收主体联合回收模式中,制造商可以联合零售商形成联合回收中心,根据不同零件类别回收,而不只是针对某一个制造商的产品,可以解决"遗孤问题"。该模式下的废旧产品回收主要依靠零售商的销售网络,由消费者送交到零售商。但与零售商回收模式不同,回收的旧件存储在双方共建的回收仓库中,制造商也分担一部分固定回收仓储成本,而不是完全由零售商负担。同样,维修点作为产品零部件更换、维修的重要售后服务专业市场,也是报废产品的主要流向之一。制造商通过与维修点合作,共建废件仓库来存放维修点回收或更换下来的废旧零部件,以供应再制造生产。制造商与不同回收主体联合回收模式最大的优势是降低单一企业在回收过程中的高固定投入,并减少再制造来源的不确定性。

制造商联合回收模式主要针对拆卸、检测技术要求较高的产品。当零售商、第三方回收商由于技术实力达不到要求,难以实现回收的规模经济时,制造商联合回收模式便成为可行之策,具体运作模式如图2.3所示。图中虚线框代表各制造商联合建立回收中心,将从最终消费者处回收废旧汽车统一处理,最终交由各个制造商的过程。该模式下,制造商联合回收产品,共建回收中心,既实现了回收的高效率,也解决了期初回收投资过高的难题,还有利于再制造技术的研发与升级。在国内,诸多企业积极践行制造商联合回收模式,并取得了显著成效。以家电行业为例,2024年,美的集团与格林美旗下的江西格林循环产业股份有限公司展开深度合作。作为家电龙头企业的美的,凭借其广泛的销售网络与庞大的用户基础,通过以旧换新、以换代修等多元化业务模式,从消费者端大规模回收废旧的空调、洗衣机、电冰箱等各类废弃电器电子产品,并集中收运,直接运送至格林循环的拆解工厂。这一举措巧妙越过了传统回收模式中需历经小商贩、回收站、废旧货场等诸多中间商环节,显著优化了废旧家电回收成本,有力杜绝了废旧家电流向私拆渠道的风险。而格林循环则充分发挥自身在废旧家电拆解处理方面的专业优势,将回收的废旧家电处理后所得的塑料进行改性再生,直接供应给美的的产品注塑成型工厂,实现了全流程闭环和可溯源。经过近两年的探索实践,该合作项目成果斐然,累计回收废旧电冰箱、洗衣机、空调、净水器等各类电器电子产品达150万台(套)以上,循环再生高品质再生塑料颗粒1.5万吨,创造了直接经济效益规模超2.5亿元。[1] 在新能源汽车动力电池回收领域,永达旗下的炬汇电科携手华为尊界项目组以及涵夏循环,共同签署了《新能源汽车动力电池回收服务战略合作协议》。炬汇电科专注于新能源汽车动力电池的"检、养、保、修、换"全周期平台服务,江淮汽车作为知名汽车制造商,在新能源汽车的研发、生产与销售领域具备深厚底蕴与广泛影响力,涵夏循环则在新能源回收、存储、运输以及再利用方面构建了全产业链闭环业务体系。三方紧密协作,全力打造覆盖动力电池全生命周期的回收服务体系。在共建回收网络方面,整合各方资源,构建起覆盖全国的新能源汽车动力电池回收网络,确保退役电池能够实现高效、安全回收;在梯次利用与资源化处理环节,借助炬汇电科的检测技术精准评估退役电池,筛选出可梯次利用的电池应用于储能等领域,无法梯次利用的则由涵夏循环进行资源化处理,提取其中的稀有金属,实现资源的循环利用。[2] 制造商联合回收模式在提升回收效率、降低成本、推动技术升级以及促进资源循环利用等方面具有显著优势。

---

[1] 2024绿点中国年度案例丨美的携手格林循环,创建废旧家电回收拆解、资源再生绿色链条(第一财经)[EB/OL].第一财经,(2024-09-28)[2025-3-25].https://m.yicai.com/news/102290977.html.

[2] 永达旗下炬汇电科与华为尊界项目组达成新能源汽车动力电池回收服务战略合作[EB/OL].东方财富网,(2025-3-21)[2025-3-25].https://emcreative.eastmoney.com/app_fortune/article/index.html?artCode=20250321110540260913240&postId=1530863643.

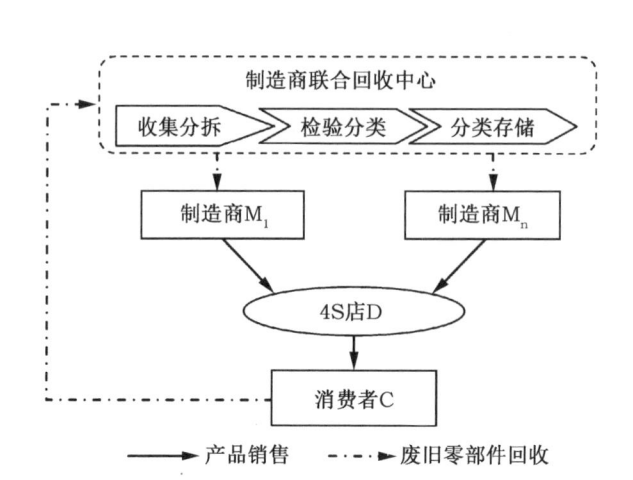

图 2.3 制造商联合回收模式

再制造回收模式常见的有自主回收、外包回收与联合回收组织运行模式,不同回收模式下成员主体的分工与协作存在差异。制造商/再制造商应该依据行业特征、企业特点以及产品特性,选择适合的回收模式,以便更好地协调回收、再制造能力和不稳定需求环境之间的关系,从而实现对废旧产品的有效回收。

二、绿色回收模式影响因素

通过对常见再制造回收组织模式的分析,依据不同回收组织模式的特点,再制造商要选择合适的回收组织模式,需要考虑以下影响因素:

(一)回收规模

目前我国废旧产品市场回收率过低,旧件来源不足导致再制造企业因经济效益而没有积极性进一步扩张与发展。制造商需要综合分析再制造产能、资本与回收规模,预测可回收废旧产品规模。当可回收规模有限时,应选择外包回收或者联合回收组织模式,加强与相关企业建立合作联盟,扩大回收来源,增强旧件来源的稳定性,以实现规模效应。只有达到一定的回收规模且稳定时,才可以有效控制单位回收成本与单位再制造成本。

(二)销售渠道

制造商通过梳理目前的销售渠道,了解利用销售渠道回收的成本与效率;利用已有的销售渠道,合理布局回收网点;探索建立废旧产品回收网络体系,实现再制造企业和回收网点的分工协作模式。

(三)利益分配

发挥再制造企业在闭环供应链增值环节中的主体作用,不同回收模式下各成员的利益分配与利益控制也成为模式选择重要影响因素之一。

(四)再造技术

当汽车再制造零部件对拆卸、检测与再制造技术要求较高时,更适合采用制造商自主回收和多制造商联合回收的组织模式。

第二节　闭环供应链管理回收再制造的作业流程

闭环供应链是一个复杂系统,其回收再制造系统主要涉及再制造商、主机厂、维修点、原材料供应商等主要直接参与主体。

通过再制造企业调研,回收再制造作业与流程涉及从回收、检测、拆卸、清洗、内检、再制造、出厂检测、再制造品销售等诸多方面,如图 2.4 所示。

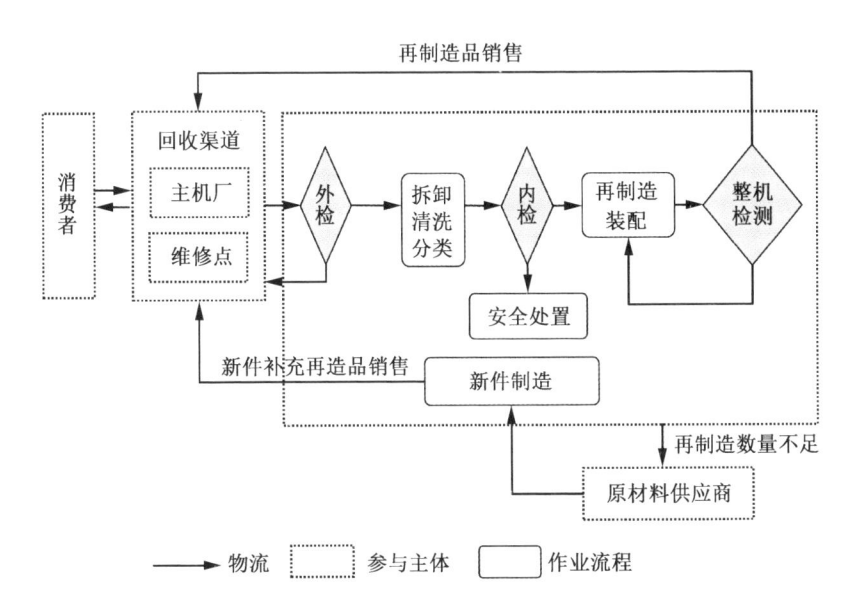

图 2.4　闭环供应链回收再制造的作业流程描述图

作为主导者的再制造商通过主机厂、维修点等渠道回收废旧产品,通过检验后,进入系列再制造工艺,再制造产品检验合格后交付给主机厂、维修点等再制造产品的需求者。当回收废旧产品数量未达到一定规模或者再制造产品不能满足需求订单时,再制造商借助新件制造给予补充。具体来看,回收再制造系统的主要作业与流程涉及以下四个方面:

一、回收-外检

通过再制造企业调研,主机厂和维修点作为废旧产品的主要提供者,占据回收总量八九成的份额。在回收再制造系统中,再制造商作为主导者,通过主机厂、维修点等渠道回收废旧产品。再制造商对回收的废旧产品初步外检,对于不符合再制造条件的废旧产品予以退回;通过外检的废旧产品,被认为达到了基本再制造质量,作为再制造的原料。

二、拆卸-内检

对通过外检的废旧产品,依据产品特性全部拆卸为部件或零件,在清洗过程中根据零件的用途和材料,采用不同的清洗方法,如:化学清洗、超声波清洗、研磨、喷砂等使零件达到一定的清洁度。

然后对零件进行精细内检,以便确定再制造方案,通常零件分为四类。第一类完好件,指旧机拆卸判定为可直接再利用的零部件,既可以作为备件使用,也可以进入产品再制造生产线生成再制造产品;第二类可再制造零部件,指通过再制造加工恢复或升级的零件;第三类是目前无法修复或经济上不合算,可循环利用的零件;第四类易损件,是指那些目前无法通过再利用、再制造和再循环回收其资源的零件。其中,第三类与第四类回收件因内部锈蚀、磨损等原因再制造不经济或是不具备再制造条件而无法进行再制造,这部分损失由再制造商承担,会直接影响回收再制造率。通过内检的废旧产品会进入系列再制造工艺。

三、再制造-出厂检测

对通过再制造商内检的废旧零部件,再制造商借助再制造流水线进行表面尺寸恢复,使表面性能优于原来零件,或者采用机加工技术重新加工,保证再制造的发动机达到标准的公差要求。

将全部检验合格的再制造零部件与替换的新零件(采购或自制),按照新品生产要求装配成再制造产品。可借助更换、增加零部件,实现再制造产品的功能或性能的升级。

再制造商按照新品标准,逐一对再制造产品进行销售前的整机性能指标测试,保证再制造产品的质量不低于新品品质。检测合格的再制造产品即可交付给再制造产品的需求者。根据再制造企业调研,目前主机厂和维修点在作为主要回收渠道的同时,也是再制造产品的主要需求方。

四、新件补充制造

当回收废旧产品数量未达到一定规模或者再制造产品不能满足需求订单时,再制造商借助新件制造给予补充。再制造商根据预估的再制造产品交付数量差额,从供应商处购入原材料进行加工制造,制造出的新件以再制造产品的价格交付给需求方。再制造经营的新件制造在再制造活动开展初期以及再制造率不稳定的情况下,成为再制造活动的有益补充,有利于再制造的可持续发展。

回收再制造作业与流程管理,在分析系统作业与流程的基础上,对再制造过程中的瓶颈环节进行优化调整,以充分利用再制造资源、降低再制造成本,并提升再制造效率。

第三节　闭环供应链绿色运作模式

一、闭环供应链绿色作业流程

通过对制造企业、再制造企业及相关企业的调研,闭环供应链主要涉及再制造商、原材料供应商、制造商、零售商、消费者、维修点等主要直接参与主体。闭环供应链在传统的供应链的基础上整合了逆向供应链的过程,主要活动既包含传统供应链中的供应、生产、配送,又包括逆向供应链中的旧件回收、逆向物流、检测与分类、产品再利用、再配送等活动,如图2.5所示。

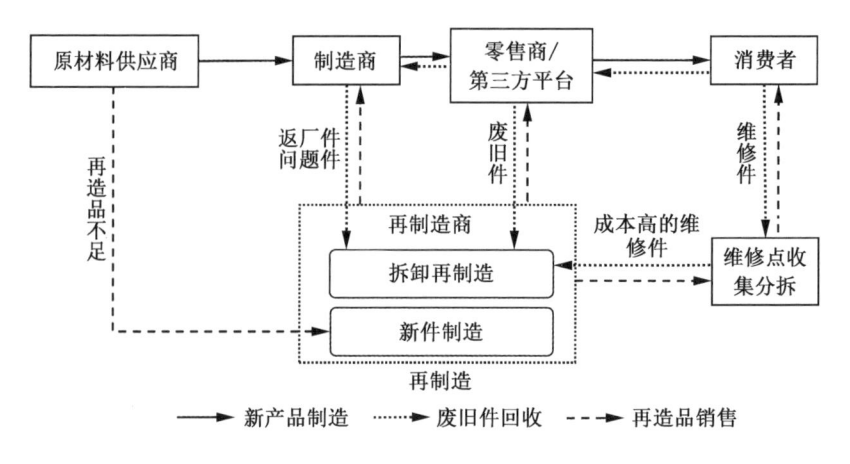

图 2.5 闭环供应链运作描述图

(一)新产品生产销售作业流程

闭环供应链中,制造商依据市场需求、制造产能、制造计划以及库存情况等信息综合考量,确定每一阶段所需的原材料数量与品类,从原材料供应商处进行采购的原材料。采购的原材料经由制造商加工制造为新产品,通过销售渠道提供给消费者。关于销售渠道,制造商既可以通过零售商这类传统的销售渠道将产品销售给消费者,也可以借助第三方平台的线上销售渠道直接将产品销售给消费者。

闭环供应链中还有一部分新件生产制造是由再制造商完成的,主要是为了补充再制造产品的不足。当旧件回收的规模不足以支撑再制造活动或者再制造数量不能满足市场对再制造产品的需求时,再制造商会选择新产品作为补充提供给消费者。

(二)闭环供应链的回收作业流程

闭环供应链的逆向渠道的回收作业主要涉及消费者使用后的废旧产品、返厂件、问题件、质量较差或者维修成本较高的维修件等。具体来看,消费者使用后的废旧产品可以通过零售商等销售渠道返还给再制造商,而再制造产品也可以通过该销售渠道进行销售。返厂件、问题件从市场返回到制造商处后,经评估,部分会交由再制造商进行再制造处理。维修点作为废旧产品的主要回收渠道之一,由于具备一定的维修能力,一般选择自行维修消费者反馈中质量较高的维修件,而将质量较差或者维修成本较高的维修件提供给再制造商。

(三)新产品生产销售作业流程

闭环供应链中,再制造商将回收到的废旧产品进行分类、检测,将具有再制造价值的旧件进行拆解、清洗,进入再制造作业。经质量检测合格的再制造产品将进入正向销售渠道,一部分再制造产品经由制造商反馈给消费者,这大多是针对质量不佳的返厂件与问题件;一部分通过零售商或者第三方平台这类新品销售渠道提供给市场。现实中,部分制造企业同时承担了制造与再制造任务,便于产能与销售渠道的高效利用。

二、闭环供应链绿色运作特点

(一)逆向渠道回收再造不确定性

其中,回收再制造系统的旧件来源主要涉及返厂件、废旧件、高成本维修件三大类,其回收数量与回收质量都有明显的不确定性,这是闭环供应链的特点之一。

再制造商对于回收的旧件需要展开质量检测和分类工作,这是一个非常重要的环节,决定着产品的再利用方式,同时产品检测时间点和地理位置的选择有可能会直接影响到闭环供应链从回收产品中收回价值的数量,回收产品后马上进行检测,并将可以整机再利用的产品及时交付运输,进入再利用环节可以大幅度增加收回价值数量。

(二)再造产能利用受多条件约束

闭环供应链的另一个特点是产能利用受多条件约束。当回收废旧产品数量未达到一定规模或者再制造产品不能满足需求订单时,再制造商借助新件制造给予补充。再制造商根据预估的交付数量差额,从供应商处购入原材料进行加工制造,制造出的新件以再制造产品的价格交付给需求方。再制造经营的新件制造在再制造活动开展初期以及再制造率不稳定的情况下,成为再制造活动的有益补充,有利于再制造的可持续发展。因此,再制造产能的利用受到经济批量、再制造订单、回收数量等多约束的制约。从调研数据来看,再制造产能多在国家政策支持下构建,而再制造产能的利用率不高成为行业内的普遍现象。

(三)闭环供应链各主体协调合作

闭环供应链不仅包括从"资源→制造→销售→消费"的正向过程,还包括从"废旧产品→回收→再制造→再销售→消费"的逆向过程,涉及制造商、渠道商(零售商、维修点等)、再制造商、回收商等多个参与主体,各主体之间复杂的关系协调与合作也是闭环供应链的运作特点之一。制造商与渠道商存在收益分享与成本分担的协调问题,制造商与再制造商存在资源共享、市场分割的协调问题,再制造商与渠道商亦存在渠道成本与服务的问题,这些问题需要系列契约来实现闭环供应链上各主体间的协调与合作。

(四)商业模式对运作模式的冲击

随着互联网时代的兴起,分享经济、O2O等新型商业模式不断涌现,对闭环供应链管理产生了冲击。在闭环供应链的逆向渠道回收再制造中,可以尝试借鉴分享经济的商业模式,来缓解再制造产能阶段性过剩的问题。O2O线上线下互补的商业模式,在闭环供应链中可以尝试借助第三方平台的新件与再制造产品的线上销售与线上回收实践,与传统的线下模式实现互补,而线下配套完善的渠道服务来支持线上活动的开展。这些新兴商业模式对闭环供应链运作模式的影响也成为其运作特点之一。

三、闭环供应链绿色运作模式

按照闭环供应链的主要活动与运作情况,可以分为基于再利用的闭环供应链、基于维修的闭环供应链和基于再制造的闭环供应链三种运作模式。

(一)基于再利用的闭环供应链管理模式

基于再利用的闭环供应链管理模式是将废弃产品、工业辅料废料、垃圾等进行汇总,从中提取有用的部分物质,并加以利用的模式。主要涉及两种形式:经过简单清洗或者再包装就可以使用;回收物分拆后的零部件通过简单的处理就能够再利用。比如:建筑固体废物再利用。比如:对于塑料,一般需要批量回收,先进行清洗晾晒、集中分拣、去除异物、分颜色分类,然后进切粒机,在切粒机中经高温熔化后经喷口喷出,再经过冷却后切成碎的颗粒,经过以上再利用作业的颗粒就可以作为再生原料使用了。

铅的再循环在铅产量中占据重要比例。中商产业研究院数据库显示,2024年全国铅产量为763.7万吨,而每年约47%的铅产量来源于再循环。在废旧酸性铅电池回收方面,80%~85%的废旧酸性铅电池能够得到回收。然而,剩余10%~15%未被回收的酸性铅电池却造成了严重的环境问题,这些未回收电池中的铅大量流入土壤,占土壤中铅总量的65%。[①] 由此可见,基于再循环的闭环

---

① 中商产业研究院.铅行业研究报告[EB/OL].中商情报网,(2025-04-02)[2025-04-15]. https://www.askci.com/news/list/tag-铅/.

供应链意义重大,它不仅能够有效节约资源、创造新的经济价值,更是环境保护的关键举措之一。酸性铅电池的回收主要有三种渠道:车主更换新电池后废弃掉的旧电池;车主在维修站更换新电池时被回收的旧电池;经过初步处理的旧电池。这些电池运送到提供再循环服务的企业后,首先,进行拆解和分选,将报废电池破碎成利于分选的碎片颗粒,将电池中的金属、塑料、酸性液体等材料进行分离;其次,拣选回收塑料干燥制粒、酸液、铅泥等次要分选物;最后,完成金属铅物料的再生,将经过分选出来的金属铅物料主要是合金态的电池极板通过熔析、硫化等低温精炼方法保留合金中大部分有用的合金元素,经过配料调整后可以直接再循环到蓄电池极板的生产,实现资源的循环利用。

建筑固体废物的再利用应用广泛。建筑垃圾经过浸洗、破碎,分级后按一定比例相互混合得到"再生骨料",废混凝土块经破碎、筛分得到粗骨料和细骨料,粗骨料可作为碎石直接用于地基加固、道路和飞机跑道的垫层、室内地坪垫层;细骨料用于砌筑砂浆和抹灰砂浆,若将磨细的细骨料作为再生混凝土添加料可取代 10%～30% 水泥和 30% 的砂子;废旧沥青混凝土块的"再生骨料"可铺在下层做垫层,也可部分掺入到新的沥青混凝土中利用;对湿润的砂浆混凝土可通过冲洗,将其还原为水泥浆、砂和石子进行回收;碎砖块可作为粗骨料搅拌混凝土,也可作为地基处理;渣土可用于绿化、回填还耕、造景用土等。

综上,基于再利用的闭环供应链是通过将废旧物料、垃圾进行回收、分类、拣选以及简单的处理,提取其中有价值的部分作为资源加以利用。

(二)基于维修的闭环供应链管理模式

基于维修的闭环供应链管理强调将回收的需要维修的产品或者废旧产品,通过维修、整修、拼修恢复到正常使用状态。这种管理模式下,对于回收的旧件,仅是针对其故障判断有可能存在问题的部分,针对性地进行部分的检测、维修处理,并没有进行统一的批量作业,也没有全部进行拆卸、清洗、替换等系列操作,这与再制造作业存在很大不同。另外,从源头输入的角度来看,基于维修的闭环供应链的旧件来源更多是被动获得的,部分来源于消费者发现产品存在故障时提供的有缺陷产品,主动组织回收的比例很小。正是因为上述基于维修的闭环供应链管理模式上的差异,在闭环供应链管理与研究的重点也会不同。

(三)基于再制造的闭环供应链管理模式

再制造针对废旧产品实施高技术修复和改造,它针对的是损坏或将报废的零部件,在性能失效分析、寿命评估等分析的基础上,进行再制造工程设计,采用一系列相关的先进制造技术,使再制造产品质量达到或超过新品。再制造的本质是修复,但不等同于简单的维修,它是采用制造业的模式进行高科技含量的维修。随着再制造的出现,产品的寿命周期就不仅要考虑"制造、使用和报废处理"三个阶段,而需要在产品设计时就充分考虑产品维护以及采用包括再制造在内的先进技术对报废产品进行修复和再造,从而产品性能和价值得以延续。在全寿命周期概念中,应该报废的产品其寿命并未终结,经过再制造可以再度使用,因而产品的全寿命周期链条就拉长为产品的制造、使用、报废、再制造、再使用、再报废。再制造不但能延长产品的使用寿命,提高产品技术性能和附加值,还可以为产品的设计、改造和维修提供信息,最终以最低的成本、最少的能源资源消耗完成产品的全寿命周期。最大限度地挖掘制造业产品的潜在价值,让能源资源接近"零浪费",这就是发展再制造产业的最大意义所在。

由于再制造采用的是制造业的模式,且产出的再制造产品质量不低于新产品,因此,基于再制造的闭环供应链管理模式下的链条运作更为复杂、主体关系也更为复杂,本书将以此为对象展开系列研究。

本章小结

闭环供应链的复杂程度远远高于传统供应链,主要涉及再制造商、原材料供应商、制造商、零售商、消费者、维修点等主要直接参与主体。回收数量与回收质量都有明显的不确定性、再制造产能的利用受多条件约束是闭环供应链的两个最为突出的特点。

为实现闭环供应链的持续良好运作,本章从三个方面展开分析。通过分析闭环供应链的管理模式,了解链上相关主体及其运作流程,以便进一步探讨闭环供应链协调机制;通过分析闭环供应链的回收模式,以便在互联网背景下探索新的回收模式;通过分析回收再制造作业流程,以便在此基础上思索分级回收对现有作业流程的影响,思索在一个较长的时期内的再制造回收分级决策、产能扩大决策以及产能分享决策。

第三章 闭环供应链绿色生产契约模型构建

第一节 模型描述与假设

一、模型描述

(一)绿色生产再造的流程分析

在绿色发展下,线上制造商作为主导者,负责新品制造、旧件再制造、线上产品(含新品与再制造产品)销售以及从服务商处回收的任务;线下服务商作为跟随者,负责部分产品的线下销售、旧件回收,并负责提供正向渠道和逆向渠道的系列服务。制造商需要与服务商分享产品销售收入,并承担部分渠道投入成本,这样,服务商会更有动力开展线下产品销售与旧件回收工作,并提升正向渠道与逆向渠道的服务水平,而服务商的努力付出亦会为制造商带来更为丰厚的回报。本部分关注了正逆向渠道服务水平对闭环供应链的影响,思考了O2O模式下,制造商与服务商的协调合作机制,并将销售收入分成比例、渠道投入成本分担比例、线上线下产品销售比例、回收转移支付等因素考虑进来,使得模型更贴近企业实践。

旧件质量不确定、不可控是影响逆向渠道再制造系统发展的主要原因之一。主机厂和维修点作为废旧产品的主要提供者,由于信息不对称,往往会将质量较差或者维修成本较高的废旧产品提供给再制造商。其中,主机厂的维修能力较弱,通过将保修件、问题件提供给再制造商,从而获取"以新件的优惠折扣价格购买等数量再制造产品"的权利,主机厂希望能够"以次充好",提供的旧件能以更高比例通过外检环节。维修点作为废旧产品的主要回收渠道之一,由于具备一定的维修能力,对于质量较高的废旧产品一般选择自行维修,而将质量较差或者维修成本较高的废旧产品提供给再制造商。

逆向渠道回收再制造的流程见图 3.1。

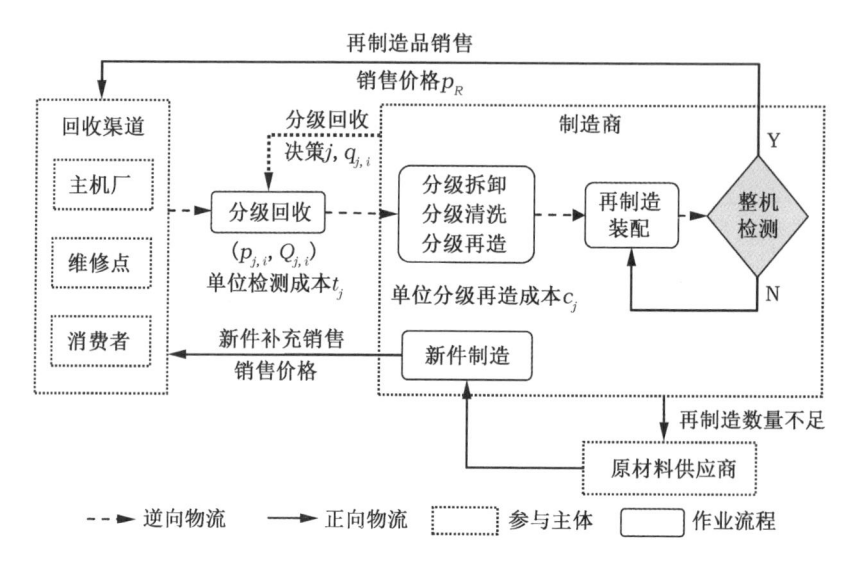

图 3.1 逆向渠道回收再制造的流程

主机厂"以次充好"的动机会提高再制造商由于信息不对称而带来的损失,比如:主机厂对废旧产品进行简单的表面处理与除锈,提高外检通过率,当再制造商接收废旧产品并进行内检时发现并不符合再制造条件或者比预估质量水平低。维修厂的"自留维修"行为过滤掉质量较好、易维修的旧件,同样会降低再制造率。再制造率是再制造商非常重视的指标之一,影响回收再制造系统的效率与效益。

废旧产品整体质量越低,单位再制造成本越高,再制造率越低,直接影响再制造效率与效益。当期的再制造效益会影响到再制造商的回收投资决策与产能扩大决策,影响到再制造的规模,进而影响到再制造的持续发展。

要应对这种困局,需要加强对再制造系统输入的控制。再制造商可以设计基于回收质量的分级回收契约,以较高的回收价格吸引更多高质量的废旧产品。虽然再制造商需要支付较高的回收成本,但回收数量的增加与回收质量的提高会降低再制造的相关成本。如何寻求合适的分级回收契约是本章的研究重点之一。

(二)回收契约对绿色生产再制造系统的影响

再制造商在回收再制造系统中占据主导地位,负责制定回收标准与回收价格,通过回收点从消费者手中回收、检测废旧产品,通过系列再制造活动、新件补充制造等多项活动后,将再制造产品销往市场。

再制造商采用统一回收契约时,采用统一回收价格回收废旧产品,统一安排再制造活动,即通过对质量水平的初步检测,对有再制造价值的旧件采用统一的价格回收;在再制造过程中,对废旧产品统一更换关键零部件,统一完成相同的再制造工艺处理。

再制造商采用分级回收契约,首先,利用专业设备对废旧产品耗损程度评估,将初检环节精细化,降低内检废料率,并将旧件按照检测质量分为不同的质量批次;然后,根据检测评估结果,再制造商对应给出分级回收价格,形成差异化的"质量-价格"组合,把不同层次的回收产品区别开来,甚至可以回收更多的高质量废旧产品。再制造商在降低再制造相关成本的同时,需要承担更高的检测费用。

再制造商根据再制造产能、产品特性、再制造工艺等信息决定回收策略,经由不同回收渠道从消费者手中回收废旧产品,通过系列检测、再制造活动后,将再制造产品销往市场。回收品信息不对称的情形下,再制造商作为先行动者,给出回收价格,希望可以回收相应数量的废旧产品,且回收质量越高越好。消费者面对给定的回收价格,决定愿意提供哪些废旧产品以供回收。

在制定回收策略时,再制造商如果借助不同"质量-价格"包的"自我选择"机制,将不同质量的废旧产品区分开来,一方面,满足了消费者对废旧产品分级的要求,高质量的废旧产品会以更高的价格被回收,提高消费者福利;另一方面,实现回收质量信息的有效传递,提高回收效率,降低单位再制造成本,但同时需要相应需要支付较高的回收成本与检测成本。

二、模型参数设置

通过回收契约对再制造商收益影响的比较分析基础上,本部分主要考察不同的分级回收契约会如何影响回收再制造系统内要素,进而影响再制造商的绩效与发展。有数据表明回收质量差异与再制造成本密切相关,Teunter 和 Guide 在再制造商利润最大化的研究中指出:若手机再制造商将回收产品由高到低分为 6 个等级,则单位再制造成本相差 10 倍。Hülya 和 Aybek 也从理论上证明回收产品按质量分级可以减少质量水平不确定对再制造系统的影响,并显著降低再制造成本。如果回收定价越高,再制造商能够回收到的废旧产品就越多,再制造商总是倾向于大量回收。因此,分级回收策略将废旧产品分为不同批次,同批次内的回收质量差异减少,质量水平不确定性减弱有利于减少批次单位再制造成本。

再制造商为有效完成任务,并获取最优的预期利润,需要制定回收标准与回收契约定价,其具体的行为及决策存在很多变化组合,涉及回收质量、回收价格、分级数、质量分级点等诸多因素的选择,本章将逐步展开研究。

为便于研究,参数符号设定如下:

(1)i:质量分级节点序号,$i=1,2,\cdots,j-1$。

(2)p_R:再制造产品的市场销售价格。

(3)q_0:基础回收质量,即具有再制造价值的最低回收质量。

(4)C_{rj},C_{wj},C_{Tj}:分别表示 j 级回收契约定价下的再制造总成本、回收总成本和检测总成本。

(5)$c(q_{j,i})$,t_j:分别表示 j 级回收契约定价下对应质量区间的单位再制造成本和单位分类检测成本。

(6)t:单位基础检测成本,即统一回收契约定价下废旧产品的单位分类检测成本。

(7)$p(q_{j,i})$:j 级回收定价决策下,第 i 级质量区间单位回收的价格。

(8)$Q_{j,i}$:j 级回收契约定价下,对应质量区间的废旧产品回收与再制造数量。Q:市场潜在可供回收的废旧产品总数量。

本章的决策变量为:

j:回收质量分级数。

$q_{j,i}$:j 级回收契约中,第 i 个质量区间的质量上限。比如 $i=1$ 时,$q\in[q_{j,0},q_{j,1}]$ 表示由低到高的第 1 个质量区间。回收质量 $q_{j,i}\in[0,1]$,$q_{j,i}=0$ 表示废旧产品完全没有再利用价值,$q_{j,i}=1$ 表示回收质量与新产品质量水平相当。

$p_{j,i}$:j 级回收契约定价下第 i 个质量区间的废旧产品回收价格,p_m 表示统一回收契约下的回收价格。

三、绿色生产再制造的行为特征

考虑再制造商要完成 Q_m 单位废旧产品的回收任务,所有回收的废旧产品全部用于再制造,不考虑回收产品的废弃处理与材料再生业务,且再制造产能充足的情况。不同回收契约下的再制造行为呈现不同特征,下面将围绕可供回收的质量区间、旧件的回收质量分布、回收价格的函数关系、单位再制造成本函数四个方面的行为进行阐述。

(一)可供回收的质量区间

理论上讲,信息不对称的情形下,消费者拥有废旧产品,更了解废旧产品的真实质量,并总是希望能够以次充好,获得较高的回收价格。面对回收任务,再制造商作为先行动者,给出回收价格 p_m,希望可以回收到 Q_m 单位回收质量 $q\in[q_0,1]$ 的废旧产品,并希望回收质量越高越好。消费者面对给定的回收价格 p_m,决定愿意提供哪些废旧产品以供回收。由于消费者更了解废旧产品的真实质量,会权衡并选择回收质量 $q\in[q_0,q_m]$ 的"合算"产品完成回收,满足:$p_m=\varphi(q_m)$。对回收质量 $q\in(q_m,1]$ 的废旧产品,消费者会选择继续持有或者进入二手市场等其他渠道。双方博弈下,统一回收契约下的再制造商以价格 p_m 回收到 Q_m 单位回收质量 $q\in[q_0,q_m]$ 的废旧产品。

若考虑分级回收定价决策,再制造商会提供 $p_{j,i}$ 的回收价格组合。双方博弈下,对废旧产品检测质量 $q\in(q_{j,i-1},q_{j,i}]$ 的回收产品能够以回收价格 $p_{j,i}$ 完成回收。再制造商回收时,首先根据分级标准对废旧产品进行初步检测,比如对废旧发动机运行里程的观测,利用专业设备对废旧产品耗损度评估等;然后根据检测评估结果,支付不同的回收价格。若无法检测或证明废旧产品的质量,则按低档回收价格进行回收。面对再制造商提出的回收标准,消费者为争取较高的回收价格,将愿意配合再制造商证明持有废旧产品的质量水平。同时,再制造商也需要支付较高的回收价格,并承担较高的检测成本。

(二)废旧产品的质量分布

受产品使用周期、操作习惯以及环境等诸多主客观不可控因素的影响,废旧产品质量不稳定。实地调查得知,废旧产品回收质量有好有坏,但分布在一定区间,借鉴相关研究(刘慧慧等,2013),认为废旧产品的回收质量服从均匀分布。需要指出的是即使质量服从正态分布或者随机分布,也不会改变本书结论,仅会增加数学处理的复杂性。

经上文分析,双方博弈下再制造商以回收价格 p_m 能够回收质量 $q\in(q_0,q_m)$ 的废旧产品,j 级回收定价决策下第 i 个质量区间的回收数量满足:

$$Q_{j,i}=(q_{j,i}-q_{j,i-1})Q, Q_{j,1}=(q_{j,1}-q_0)Q, Q_{j,m}=(q_m-q_{j,j-1})Q, j=,2,$$

$\cdots, j=1$ (3.1)

(三)回收价格的函数关系

面对再制造商提供的回收价格,消费者会提供对应回收质量的"合算"旧件,对于质量较高的旧件,消费者会选择继续持有或者进入二手市场等其他渠道。双方博弈下,回收价格越高,再制造商越有可能回收到更高质量的旧件,分级定价决策下的回收价格满足:$p_{j,i} = \varphi(q_{j,i}), q \in (q_{j,i-1}, q_{j,i})$。一般来讲,越高的回收价格越有可能回收到更高质量的废旧产品,满足 $p_{j,i} = a + bq_{j,i}$。具体推导如下:

再制造商的回收需求函数(公彦德等,2015),再制造商的回收需求函数满足:

$$Q_{j,i}(p) = k + hp_{j,i}, j=1,2,3,\cdots,n; i=1,2,\cdots,j-1 \quad (3.2)$$

其中,k 为市场潜在回收量,即回收价格为零时能够从渠道中反馈回的废旧产品销售量,可以认为其为常数,且 $k \geq 0$;h 为价格敏感系数,$h > 0$。

式(3.1)、式(3.2)联立,可得出:$p_{j,i} = -\dfrac{q_{j,i-1}Q + k}{h} + \dfrac{Q}{h} q_{j,i}$。

令 $a = -\dfrac{q_{j,i-1}Q + k}{h}, b = \dfrac{Q}{h}$

则:$p_{j,i} = a + bq_{j,i}, q \in (q_{j,i-1}, q_{j,i}), a < 0, b > 0, j=1,2,3,\cdots,n; i=1,2,\cdots,j-1$ (3.3)

当回收质量为零时,没有回收价值,需要进行废弃处置,废弃处置成本为 a,且满足 $a < 0$;回收价格与回收质量成正比,b 为质量敏感系数,表示同质量区间内最高回收质量对回收价格的影响。

由于再制造商只愿意回收质量 $q \in (q_0, 1)$ 的废旧产品,对于质量 $q \in (0, q_0)$ 的废旧产品不愿进行回收,即 $p_0 = 0$。代入式(3.3),可得:

$$a = -bq_0; p_{j,i} = b(q_{j,i} - q_0) \quad (3.4)$$

由式(3.4)可知:j 级回收契约中,第 i 个质量区间对应的回收价格仅受质量敏感系数 b 和区间最高回收质量 $q_{j,i}$ 的影响。

(四)单位再制造成本的函数关系

再制造商对回收旧件再制造时,其再制造工艺只能迁就同等级旧件中质量最低者,借鉴相关文献(曾宪科等,2015)关于成本函数的设定,单位再制造成本函数表示为:

$$c(q_{j,i-1}) = \beta(1-q_{j,i-1}), q \in (q_{j,i-1}, q_{j,i}), j=1,2,\cdots,n; i=1,2,\cdots,j-1;$$
$$\beta > 1 \tag{3.5}$$

其中，β 为再制造成本系数，$q_{j,i-1}$ 为分级回收质量下限。当 $q=0$ 时，$c(q)=\beta$；当 $q=1$ 时，产品质量等同于新品，不需要再制造，再制造成本 $c(q)=0$。

(五)单位检测成本的函数关系

由于旧件的质量差异，不同于新件的质量抽查，再制造商针对回收的旧件需要开展逐一检测。分级回收定价机制下，再制造商不仅要判断旧件是否具备再制造价值，还要判断旧件所处的质量等级，从而开展进一步的再制造活动。旧件质量分级级数越多，旧件质量检测越复杂，每单位旧件的回收检测需要完成多次比较，比如：两级回收定价决策下，再制造商需要在不符合回收标准、低回收质量标准与高回收质量标准三者间完成(1+2)两次比较，单位检测成本 $t_2=3t$；三级回收定价决策下，再制造商需要判断旧件属于哪个质量区间，需要完成(1+2+3)次两两比较，单位检测成本 $t_3=6t$；以此类推，j 回收定价决策下，需要将 j 个质量分级点以及最低标准分别两两比较，依据等差序列求和，共需要进行 $1+2+\ldots+j=[j(j+1)]t/2$ 次比较，将单位检测成本函数表示为：

$$t_j = [j(j+1)]t/2, j=1,2,3,\cdots,n; t>0 \tag{3.6}$$

关注单位分级检测成本函数的性质不难发现：$t_j'=(2j+1)t/2>0$ 且 $t_j''=t>0$，即随着质量分级数的增加，分级检测成本会提高，且单位检测成本增加的边际影响递增。单位分级检测成本 t_j 是关于分级数 j 的递增凸函数。

第二节 绿色生产契约对再制造系统的影响

分级回收契约下，再制造企业通过有效的初检环节，较全面地分析回收质量并依质量高低进行分级、组织批量再制造作业，回收价格、回收数量、单位再制造成本等因素发生变化，很难直观断定对回收再制造系统的综合影响。下面本节将在不考虑检测成本的前提下，分情景比较分析统一回收契约与两级回收绿色生产契约对再制造商收益的影响。

一、不考虑再造成本与再造规模差异的情景

不考虑不同质量废旧产品的再制造成本差异，不考虑再制造的规模效应。

再制造商以回收量 Q_j 的废旧产品作为投入开展系列再制造活动,产出 S_j 单位的再制造产品。MN 表示在统一回收契约下的回收投入预算线,单一的回收价格 $p(q_1)$ 使得废旧产品的回收预算线 MN 斜率为 -1,如图 3.2 所示。

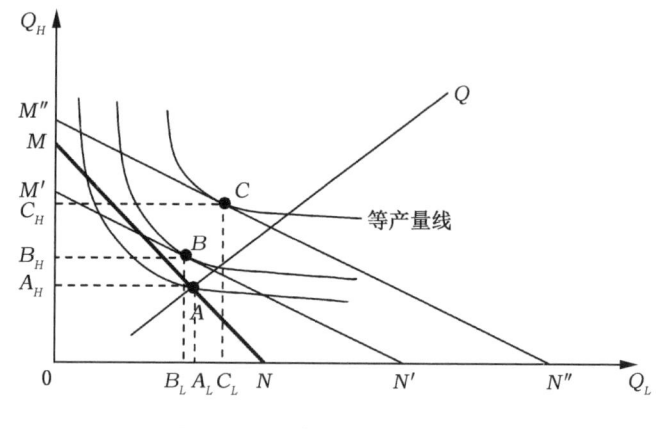

图 3.2 "回收投入-产量"分析图

统一回收契约下,由于事先未对废旧产品进行质量分级,回收的废旧产品混合为一个质量批次,质量满足 $q \in [q_0, q_1]$。回收的废旧产品组合将位于市场供给 Q 线上,组合的质量比例为两类质量批次在废旧产品供给市场的内在比例。再制造商被动接受该质量组合的废旧产品,通过废旧产品市场供给 Q 线与废旧产品投入预算线 MN 交点 A 的无差异曲线代表了可以实现的最大再制造产量,如图 3.2 所示。这一质量内在比例并不一定能够使再制造商收益最大化。

考虑再制造两级回收绿色生产契约,再制造商面对废旧产品市场供给 Q,考虑存在高低两类质量批次的废旧产品,较高的回收价格 p_H 对应回收 Q_H 单位质量批次 $q \in (q_L, q_H)$ 的废旧产品,回收价格 p_L 对应回收 Q_L 单位低质量批次 $q \in (q_0, q_L)$ 的废旧产品。高质量废旧产品所占比例越高,可再制造率越高,再制造 fO 产量越大,再制造商的等产量曲线距离纵轴(代表高质量废旧产品回收量)更近,呈现出如图 3.2 所示的形态。

两级回收对应回收价格满足: $p_H \geqslant p(q_1) \geqslant p_L$,且能够多回收 $\int_{q_1}^{q_H} f(q)dq$ 数量的废旧产品,对应回收数量满足:

$$Q = \begin{cases} Q_H = \int_{q_L}^{q_H} f(q)dq & q_L \leqslant q \leqslant q_H \\ Q_L = \int_{q_0}^{q_L} f(q)dq & q_0 \leqslant q \leqslant q_L \end{cases} \tag{3.7}$$

由于回收价格分 p_H，p_L 两个等级，且 $p_H > p_L$ 回收投入预算线 $M'N'$ 将在总投入金额不变的情况下逆时针旋转，如图 3.2 所示。预算线 MN、$M'N'$ 满足：$p_1A_H + p_1A_L = p_HB_H + p_LB_L$。通过质量分级回收，再制造商可以调节对不同质量废旧产品选择的主动权，增加对高质量废旧产品的回收比例，使得无差异曲线向右上方平移，在 B 点实现投入成本预算约束下的产量最大化，拥有比 A 点更高的再制造产量水平。

结论 3.1 在不考虑废旧产品质量及回收规模对再制造成本影响的情形下，我们仍会发现，对于相同的回收投入总预算，质量分级使得再制造商实现更高的再制造产量水平。在回收成本与再制造成本相同的假设下，质量分级有利于再制造商收益的提高。

推论 3.1 在不考虑废旧产品质量及回收规模对再制造成本影响的情形下，统一回收契约下的回收质量上限介于两级回收绿色生产契约下批量回收质量上限之间，有：$q_1 \in (q_L, q_H)$。

二、考虑再制造成本差异与再造规模的情景

考虑不同质量产品再制造成本的差异以及再制造规模对再制造成本的影响。

在相同回收投入下，采用分级回收价格能够回收到更高比例的高质量废旧产品，再制造商的总再制造成本将下降，并产出更多再制造产品，进一步提高再制造商的收益。不同回收产品质量的再制造成本差异激励再制造商设计分级回收契约，使质量分级成为对再制造商有利的一项工具。

单位再制造成本受回收质量与回收数量影响，随着回收质量的提升、回收数量的增加而减少。在两级回收绿色生产契约中，存在：

$$c(q,Q)=\begin{cases} c_H = c\left[q_L, \int_{q_L}^{q_H} f(q)dq\right] & q_L \leqslant q \leqslant q_H \\ c_L = c\left[q_L, \int_{q_0}^{q_L} f(q)dq\right] & q_0 \leqslant q \leqslant q_L \end{cases} \quad (3.8)$$

考虑普遍存在的废旧产品回收量不足的现象,在分级回收契约下,再制造商能够回收到更多的废旧产品。一方面,使得投入预算线向右上方平移至 $M''N''$,再制造产量进一步提高;另一方面,由于再制造规模的提高,使得单位再制造成本下降,而高质量废旧产品回收比例的进一步提高也使得总再制造成本下降,进而提高了再制造商的收益。若起初回收价格很低,在采用分级回收契约后,回收质量与回收规模将有较为明显的改善,从而引起再制造成本较大程度的缩减,使得再制造收益增加。然而,随着回收价格的提高,再制造成本节约效应递减,但回收成本增加突出,再制造收益将呈现缩减趋势。

如果废旧产品质量被划分为更多级别,任何两个相邻等级废旧产品的替代性增强,对应的等产量曲线将变得平坦,再制造商因为质量分级而实现的再制造商产量增加将越来越少,即新增质量分级对产量增加的边际影响递减。即使不考虑质量分级检测成本,过多的质量分级对再制造商产量提升的边际贡献降低,还会增加分类再制造的选择成本。郭辰、魏中龙通过理论分析认为:分级定价中,分级的最佳数量以及各分级定价之间的最佳比例,取决于回收产品的质量差异。如果质量差异很大,那么可以划分多个等级,确定较高的相对价格比例。通过上述关于回收契约对再制造商收益影响的比较分析,亦验证了上述文献的观点。

结论 3.2 废旧产品回收存在着最优的回收质量范围与最优分级数,并不是回收的质量等级越高越好,也不是分级数越多越好。

第三节　统一回收与两级回收下绿色生产契约比较分析

基于质量分级的回收再制造定价决策下,再制造商在权衡旧件质量分布、回收成本、再制造成本、检测成本与回收规模等因素的基础上,选择最优的分级回收定价标准与回收等级数。

通过爱回收网和易机网的调查,作为第三方平台主要负责回收与销售二手商品,并未涉及再制造产品的销售。涵盖完整回收再制造的多出现在汽车零部件、机械加工等领域,通过对瑞贝德、潍柴动力(潍坊)再制造有限公司以及博世再制造的调研,本书以具有代表性的博世商用车共轨再制造高压泵为例,在算例中设计再制造品高压泵售价 400 元,可再制造的旧件基础质量为 0.2,单位基础检测成本为 10 元,销量为 600 台。从博世再制造部门内部的调研访谈得知,一般来说,再制造成本系数 $\beta \in [100,300]$,质量敏感系数取值 $b \in [300,900]$。

一、统一回收绿色生产契约定价分析

统一回收绿色生产契约定价下,再制造商采用统一回收价格 p_m 回收废旧产品。通过对质量水平的初步检测,保留有再制造价值的旧件。能够回收到的废旧产品最高质量水平由再制造商制定的回收价格决定,满足函数关系 $p_r = p(q_1)$。回收数量为 Q_m 单位,满足: $Q_m = (q_m - q_0)Q$。由于未进行分类回收,单位再制造成本由废旧产品中的最低回收质量决定,即 $c(q_0)$。再制造统一回收的初检只做基本的检测工作,判断旧件是否具有再造价值,即 $q > q_0$,而不需要对废旧产品进行分类判断,其单位基础检测成本为 c_{T1},总回收检测成本 $C_{T1} = c_{T1}Q_m$。

统一回收绿色生产契约下,再制造商期望利润函数为:

$$\max_{q_m,p_m} \Pi_{R,1}(q_m) = p_R Q_m - C_{r1} - C_{w1} - C_{T1}$$
$$= [p_R - c(q_0) - b(q_m - q_0) - c_{T1}](q_m - q_0)Q \quad (3.9)$$

对再制造商期望利润函数分别求其关于质量 q_m 的一阶偏导和二阶偏导:

$$\frac{\partial \Pi_{R,1}(q_1)}{\partial q_1} = [p_R - c(q_0) - t]Q - [\varphi(q_1) + \varphi'(q_1)(q_1 - q_0)]Q$$

$$\frac{\partial^2 \Pi_{R,1}(q_1)}{\partial q_1^2} = -[2\varphi'(q_1) + \varphi''(q_1)(q_1 - q_0)] < 0$$

因此,再制造商期望利润函数是关于质量 q_m 的凹函数,因此存在最优的 q_m^* 使得再制造商的期望利润达到最大。

根据 FOC 条件,令 $\partial \Pi_{R,1}(q_m)/\partial q_m = 0$,可得:$p_R - c(q_0) - 2b(q_m - q_0) - t = 0$。统一回收定价决策下,得到最优的回收质量上限、最优回收价格分别为:

$$q_m^* = \left(1+\frac{\beta}{2b}\right)q_0 + \frac{p_R-\beta-t}{2b} \tag{3.10}$$

$$p_m^* = \frac{1}{2}[p_R-\beta(1-q_0)-t] \tag{3.11}$$

结论 3.3 再制造商的最优回收质量上限 q_m^* 与质量敏感系数 b、再制造成本系数 β 成反比,与基础回收质量 q_0 成正比;最优回收价格 p_m^* 与再制造成本系数 β 成反比,与基础回收质量 q_0 成正比。再制造成本受质量的影响越大,基础回收质量 q_0 越低,统一回收绿色生产契约下的最优回收质量上限与回收价格取值越小。质量对回收价格的影响越大,最优回收质量上限越小,但不会影响最优回收价格。

统一回收绿色生产契约下再制造商的最优期望利润:

$$\Pi_{R,1}^* = [p_R-\beta(1-q_0)-t]^2 \frac{Q}{4b} \tag{3.12}$$

统一回收定价决策下再制造商最优期望利润会受多因素综合影响,为重点观察质量敏感系数与基础回收质量的影响,令再制造成本系数 $\beta=200$,并选取 $b\in[300,900]$,$q_0\in[0,0.4]$ 相关数值运用 Matlab 对其进行数值分析,如图 3.3 所示。

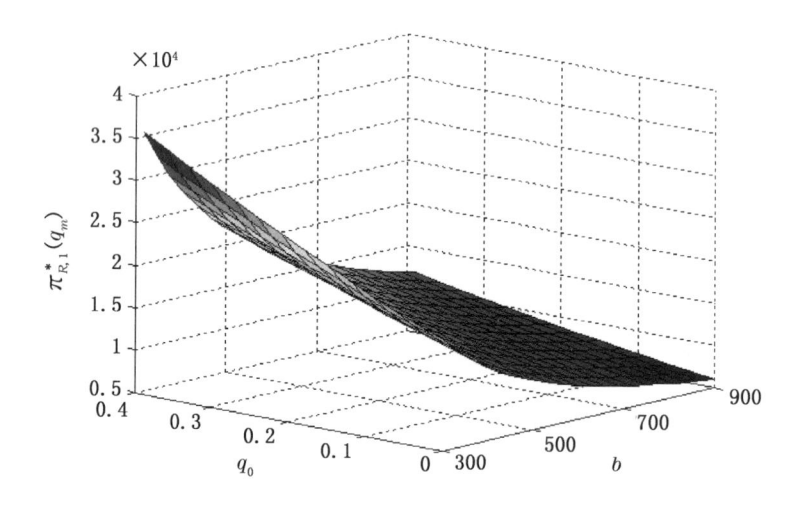

图 3.3 统一回收绿色生产契约下 $\Pi_{R,1}^*(q_m)$ 随 b 与 q_0 的变化的取值

结论 3.4 统一回收绿色生产契约下,再制造商的最优期望利润与质量敏感系数 b 成反比,即质量对回收价格的影响越大,统一回收绿色生产契约下再制

造商的最优期望利润越低,再制造商应探索分级回收契约。基础回收质量 q_0 越高,再制造商的最优期望利润越高,且随着质量敏感系数 b 的减少期望利润的增高越来越明显。

由于 $\frac{\partial q_m^*}{\partial q_0}=1+\frac{-c'(q_0)}{2b}>1$;$\frac{\partial p_m^*}{\partial q_0}=-\frac{c'(q_0)}{2}>0$;$\frac{\partial Q_m^*}{\partial q_0}=-\frac{c'(q_0)}{2b}Q>0$,可得如下推论。

推论 3.2 统一回收绿色生产契约下的基础回收质量 q_0 对最优质量上限、最优回收价格和最优回收数量具有正向影响。如果基础回收质量标准制定得越高,最优质量上限越高,最优回收价格越高且能够回收更多的废旧产品。

由于 $\frac{\partial q_m^*}{\partial b}=-\frac{p_R-c(q_0)-c_{T1}}{2b^2}<0$;$\frac{\partial Q_m^*}{\partial b}=-\frac{p_R-c(q_0)-c_{T1}}{2b^2}Q<0$,可得如下推论。

推论 3.3 质量敏感系数 b 对最优质量上限和最优回收数量具有负影响,而不会影响最优回收价格的制定。如果回收质量对回收价格的影响越大,统一回收绿色生产契约下的最优质量上限越低且最优回收数量越少。

统一回收定价决策下,再制造商的最优回收定价决策受单位再制造成本与单位检测成本影响。回收的旧件基础回收质量越高,再制造商需要支付的回收价格越高;旧件回收的单位检测成本越低,再制造商越有动力扩大回收再制造规模,进而接受回收价格上浮。

推论 3.4 统一回收定价决策下,对于盾构机这类短使用周期、高价值成本的高端装备,再制造工艺复杂,再制造商更倾向于以较高的回收价格来提升回收旧件的平均质量,并扩大回收再制造规模。而对于家用电器这类再制造工艺简单的旧件,潜在旧件市场保有量很大,较低的回收价格对于回收规模与回收质量不敏感,再制造商只愿意支付较低的回收价格。

二、两级回收绿色生产契约分析

分级回收契约下,再制造商可以设计不同的"质量-价格"组合 (q_j, p_j),并通过质量检测与评估确定回收级别。如果回收质量处于较高级别的质量区间,就能够获取较高的回收价格。

考虑完成同样的回收再制造任务,即回收质量 $q \in (q_0, q_m)$ 的 Q_m 单位的废旧产品用以再制造。再制造商提供 $(p_{2,1}, p_m)$ 的两级回收价格组合,以较低的回

收价格 $p_{2,1}$ 获取质量较低 $q \in (q_0, q_{2,1})$ 的废旧产品，而较高的价格 p_m 回收质量较高 $q \in (q_{2,1}, q_m)$ 的废旧产品，其总体回收成本得到节约：

$$p_2 = \begin{cases} p_{2,1} = b(q_{2,1} - q_0), q \in (q_0, q_{2,1}) \\ p_m = b(q_m - q_0), q \in (q_{2,1}, q_m) \end{cases} \tag{3.13}$$

对应两级的"质量-价格"组合，单位再制造成本与质量区间内的最低回收质量相关。由于进行了质量分级，对质量较高的废旧产品，可以简化再制造工艺流程，从而降低其单位再制造成本，整体的再制造成本将得以节约。分级单位再制造成本满足：

$$c(q) = \begin{cases} c(q_0) = \beta(1 - q_0), q \in (q_0, q_{2,1}) \\ c(q_{2,1}) = \beta(1 - q_{2,1}), q \in (q_{2,1}, q_m) \end{cases} \tag{3.14}$$

再制造活动中需要付出的单位再制造成本 $c(q)$、回收成本 C_{wj} 得以节约，但再制造商需要支付较高的质量分级检测成本 C_{Tj}。

再制造商期望利润函数：

$$\begin{aligned} \max_{q_{2,1}, p_{2,1}} \Pi_{R,2}(q_{2,1}) &= p_R Q_m - C_{R2} - C_{w2} - C_{T2} \\ &= p_R Q_m - [\beta(1 - q_0) + b(q_{2,1} - q_0)](q_{2,1} - q_0)Q \\ &\quad - [\beta(1 - q_{2,1}) + b(q_m - q_0)](q_m - q_{2,1})Q - t_2 Q_m \end{aligned} \tag{3.15}$$

$$\begin{aligned} \frac{\partial \Pi_{R,2}(q_{2,1})}{\partial q_{2,1}} &= -b(q_{2,1} - q_0)Q - [\beta(1 - q_0) + b(q_{2,1} - q_0)]Q \\ &\quad + \beta(q_m - q_{2,1})Q + [\beta(1 - q_{2,1}) + b(q_m - q_0)]Q \\ &= -2b(q_{2,1} - q_0)Q - \beta(1 - q_0)Q + \beta(q_m - q_{2,1})Q \\ &\quad + \beta(1 - q_{2,1})Q + b(q_m - q_0)Q \end{aligned}$$

$$\frac{\partial^2 \Pi_{R,2}(q_{2,1})}{\partial q_{2,1}^2} = -2bQ - \beta Q - \beta Q = -2bQ - 2\beta Q < 0$$

根据 FOC 条件，求偏导：$\partial \Pi_{R,2}(q_{2,1})/\partial q_{2,1} = 0$，得：

$$-2bq_{2,1} + \beta(q_m + q_0 - 2q_{2,1}) + b(q_m + q_0) = 0 \tag{3.16}$$

两级回收定价决策下的最优质量分级点与对应的最优分级回收价格：

$$\begin{aligned} q_{2,1}^* &= \frac{q_0 + q_m}{2} = \frac{3}{2} q_0 + \frac{p_R - \beta(1 - q_0) - t}{2b} \\ p_{2,1}^* &= a + b \frac{q_0 + q_m}{2} = \frac{p_R + (\beta - b)q_0 - \beta - t}{4} \end{aligned} \tag{3.17}$$

结论 3.5　两级回收定价决策下,若完成同样的回收再制造任务,最优质量分级点 $q_{2,1}^*$ 与质量敏感系数 b、再制造成本系数 β 成反比,与基础回收质量 q_0 成正比。

由于 $\dfrac{\partial q_{2,1}^*}{\partial \beta}=\dfrac{q_0-1}{2b}<0$,$\dfrac{\partial p_{2,1}^*}{\partial \beta}=\dfrac{q_0-1}{4}<0$,$\dfrac{\partial p_{2,1}^*}{\partial b}<0$,$\dfrac{\partial p_{2,1}^*}{\partial b}<0$,可得:

推论 3.5　两级回收定价决策下,再制造成本对回收质量与回收价格越敏感,最优分级点对应的价格越低,最优质量分级点也会相应降低。

两级回收定价决策下,再制造商的最优期望利润:

$$\begin{aligned}
\Pi_{R,2}^*(q_{2,1}) &= p_R Q_m - \left[\beta(1-q_0)+b\left(\dfrac{q_m-q_0}{2}\right)\right]\dfrac{q_m-q_0}{2}Q \\
&\quad - \left[\beta\left(1-\dfrac{q_0+q_m}{2}\right)+b(q_m-q_0)\right]\dfrac{q_m-q_0}{2}Q - t_2 Q_m \\
&= \left[p_R-c(q_0)-t_2+(\beta-3b)\dfrac{p_R-c(q_0)-t}{8b}\right] \\
&\quad \dfrac{p_R-c(q_0)-t}{2b}Q
\end{aligned} \tag{3.18}$$

两级回收定价决策下再制造商的最优期望利润解析式复杂,受多因素综合影响,无法直观其特征。为重点观察质量敏感系数与再制造成本系数对再制造商收益的影响,选取 $b\in[300,900]$,$\beta\in[100,300]$ 相关数值,运用 Matlab 对其进行数值分析,如图 3.4 所示。

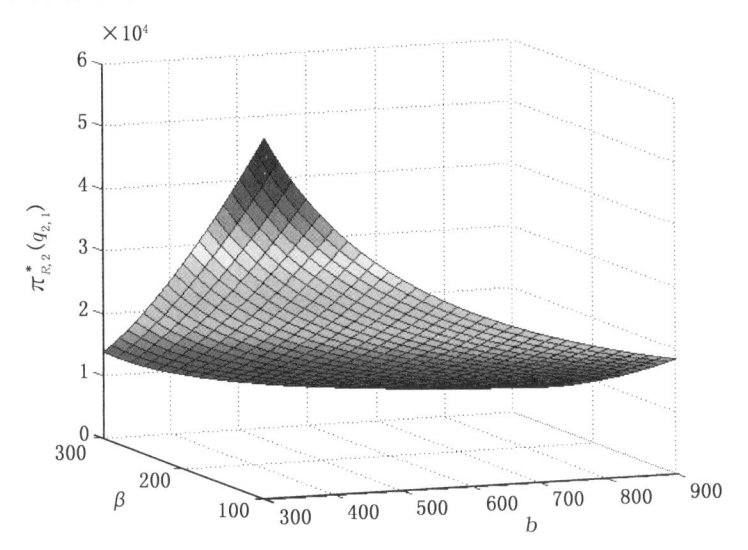

图 3.4　两级回收绿色生产契约下 $\Pi_{R,2}^*(q_{2,1})$ 随 b 与 β 的变化的取值

结论 3.6 两级回收绿色生产契约的再制造商最优期望利润会受质量敏感系数 b 与再制造成本系数 β 的综合影响。

最优期望利润 $\Pi_{R,2}^*(q_{2,1})$ 与质量敏感系数 b、再制造成本系数 β 都负相关，回收价格受回收质量影响越大，回收质量对单位再制造成本的影响越大，最优再制造商的最优期望利润越小。随着质量敏感系数 b 的减小，最优再制造商的最优期望利润的增加越来越明显。

三、绿色生产回收契约比较分析

观察统一回收定价决策与两级回收定价决策下的"价格-质量"组合，将再制造商的最优期望利润进行比较分析，有：

$$\Delta\Pi_R^*(q) = \left[p_R - c(q_0) + (\beta - 3b)\frac{p_R - c(q_0) - t}{8b} - t_2\right]\frac{p_R - c(q_0) - t}{2b}Q$$

$$- [p_R - c(q_0) - t]^2 \frac{Q}{4b}$$

$$= \left[(\beta + b)\frac{p_R - c(q_0) - t}{8b} + t - t_2\right]Q_m \tag{3.19}$$

当满足 $t_2 - t < (\beta+b)[p_R - \beta(1-q_0) - t]/8b$ 时，$\Delta\Pi_R^*(q) > 0$，即两级回收定价决策优于统一回收定价决策。令 $K = (\beta+b)[p_R - \beta(1-q_0) - t]/8b$，$K > 0$。当单位检测成本的增加 Δc_T 不是太快且低于 K 时，两级回收定价决策下的质量分级有利于再制造商预期利润的提升；反之，应采用统一价格回收定价决策。

由于再制造商最优期望利润比较分析复杂，判断标准 K 受到质量敏感系数 b 与再制造成本系数 β 综合影响，无法直接分析其特征。首先，考察质量敏感系数 b 与基础单位检测成本 t 对利润差值的影响，令 $\beta = 200$，选取 $b \in [300, 900]$，$t \in [1, 20]$ 的相关数值，运用 Matlab 对再制造商最优期望利润差值进行数值比较分析，如图 3.5 所示。曲面表示两级回收定价决策下再制造商多获得的期望利润 $\Delta\Pi_R^*(q)$。网格平面 $\Delta\Pi_R^*(q) = 0$ 反映两种回收定价决策等价，平面上方的曲面说明两级回收定价决策更优。由图 3.5 可以看出：随着检测成本 t 与质量敏感系数 b 的减少，两级回收定价决策优势显现，且定价决策分界线是关于检测成本 t 与质量敏感系数 b 的凹函数。

图 3.5 $\Delta \Pi_R^*(q)$ 随 b 与 t 的变化的取值

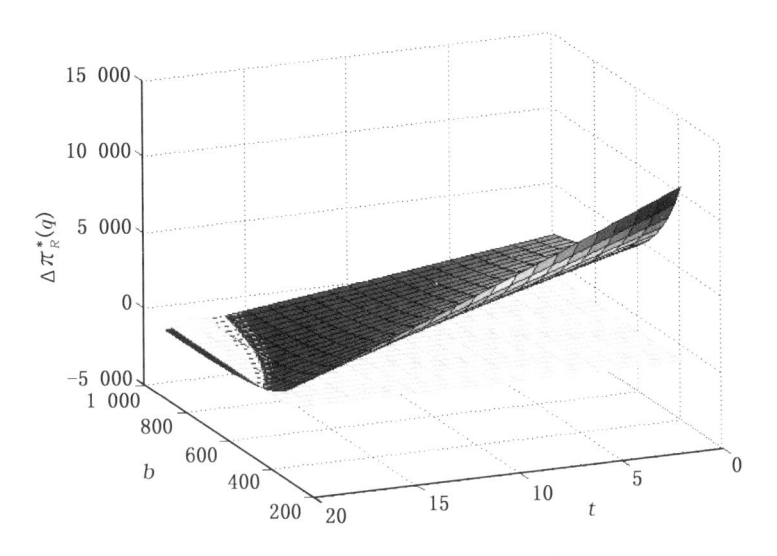

接下来,探究再制造成本系数 β 与基础单位检测成本 t 综合影响下利润差值 $\Delta \Pi_R^*(q)$ 的变化,令质量敏感系数 $b=500$,选取 $\beta \in [100,300]$,$t \in [1,20]$ 的相关数值,运用 Matlab 对两级与统一回收定价决策下再制造商最优期望利润进行数值比较分析,如图 3.6 所示。

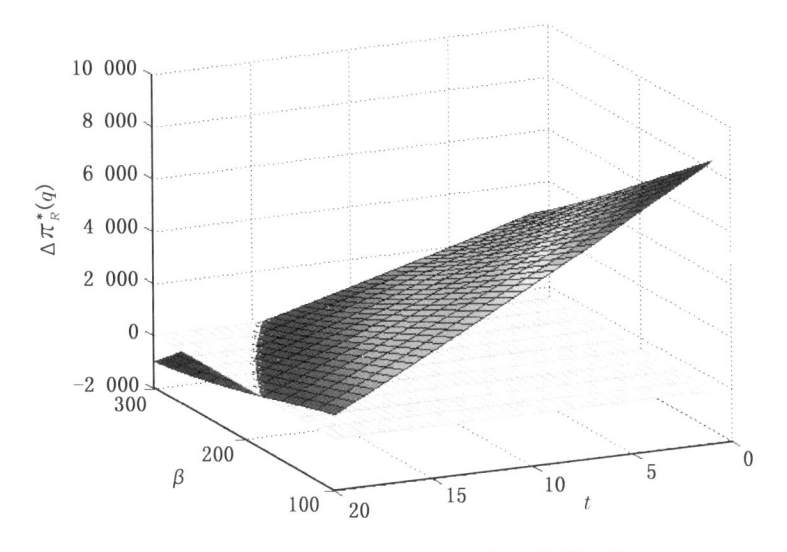

图 3.6 $\Delta \Pi_R^*(q)$ 随 β 与 t 的变化的取值

从图 3.6 中可以看到,曲面表示两级回收定价决策下再制造商多获得的期望利润 $\Delta\Pi_R^*(q)$,网格平面表示两种回收定价决策等价,平面上方的曲面表示两级回收定价决策优优。由图 3.6 可以看出:随着检测成本 t 与再制造成本系数 β 的减少,两级回收定价决策优势显现,且定价决策分界线是关于检测成本 t 与再制造成本系数 β 的凸函数。

结论 3.7 参数质量敏感系数 b、再制造成本系数 β 和基础检测成本 t 都会对回收契约的选择产生影响。质量敏感系数 b 的取值越小,两级回收绿色生产契约带来的回收成本的节约减少,最优回收数量增加,且回收质量差异越大,两级回收绿色生产契约具有优势,由图 3.5 可以直观看出,分级价格机制带来的期望利润差值 $\Delta\Pi_R^*(q)$ 越高。再制造成本系数 β 的影响力来自两个方面:一方面,单位再制造成本对回收质量越敏感,再制造成本的节约效应越明显,两级回收绿色生产契约占优;另一方面,会使得最优回收数量减少,回收质量差异变小,统一回收绿色生产契约占优,在双重作用机制下,由图 3.6 可以直观看出,β 的影响不显著。基础检测成本 t 的取值影响最为显著,检测成本 t 越高,由分级数增加而带来的检测成本增加就越明显,从而削弱分级回收契约的优势。

推论 3.6 回收定价决策的选择与单位回收检测成本的增长趋势密切相关。由两级拓展至更多级别的回收定价决策,单位回收检测成本的增加速度会加快,基础检测成本 t 对定价决策选择的影响会更为显著。

推论 3.7 借助质量分级,质量波动大、分散化的废旧产品能够更好地满足再制造商的质量需求,回收环节的交易成本得以降低;而不同级别废旧产品的价格信号可以更加有效地调节废旧产品回收市场供求,引导废旧产品的合理流向与配置,提高回收效率。

推论 3.8 随着分级数的增加,再制造成本与回收价格的节约速度放缓,而单位检测成本增速加快,必然存在最优分级数。

第四节　分级回收下的绿色生产契约模型

基于上文,分级回收契约在一定条件下具有优势,但并不一定是分级越多越好。随着分级数的增加,一方面,再制造商支付的平均回收价格会降低,并针对不同等级回收质量水平的旧件开展再制造活动,平均再制造成本也因此降低;另一方面,再制造商需要开展回收质量的分级检测,进而支付更高的回收检测成本。再制造商应该如何选择合理的分级数?质量分级点应该如何确定?需要建立分级回收定价决策模型展开分析。本节从两级回收绿色生产契约拓展开来,讨论回收契约中的影响因素,并建立回收定价的优化决策模型。

一、单位检测成本与分级数

废旧产品的单位回收检测成本 t_j 与分级数 j 相关。统一回收契约下,再制造商仅需要判断废旧产品是否有再制造价值,即废旧产品的质量是否高于 q_0,质量达到回收标准则进行回收,每单位废旧产品的回收检测只需完成一次两两比较。

分级回收契约下,每单位废旧产品的回收检测需要完成多次比较,以确定废旧产品所属的回收质量区间。比如:两级回收契约下,再制造商需要在不符合回收标准、低回收质量标准与高回收质量标准三者间完成(1+2)两次比较,单位检测成本 $t_2=3t$;三级回收契约下,再制造商需要判断废旧产品属于哪个质量区间,需要完成(1+2+3)次两两比较,单位检测成本 $t_3=6t$。以此类推,j 回收契约下,需要将 j 个质量分级点以及最低标准分别两两比较,依据等差序列求和,一共需要进行 $1+2+\cdots+j=j\dfrac{j+1}{2}$ 次比较。

结论 3.8 j 级回收契约下,单位分类检测成本 $t_j=\dfrac{j(j+1)}{2}t$,$j=1,2,\cdots,n$。关注单位分类检测成本函数的性质不难发现:$t_j'=\dfrac{2j+1}{2}t>0$ 且 $t_j''=t>0$,即随着质量分级数的增加,分类检测成本会提高,且单位检测成本增加的边际影响递增。单位分类检测成本 t_j 是关于分级数 j 的递增凸函数。

二、分级回收定价最优决策

j 级回收契约下,要回收 Q_m 单位 $q\in(q_0,q_m)$ 的废旧产品,再制造商需要选择合适回收契约。当 $j=1$ 时,表示再制造商采用统一回收契约,采用单一回收价格 p_m 回收 $q\in(q_0,q_m)$ 的废旧产品;当 $j=2$ 时,表示采用两级回收契约,采用回收价格 $p_{2,1}$ 回收 $q\in(q_0,q_{2,1})$ 的废旧产品,回收价格 p_m 回收 $q\in(q_{2,1},q_m)$ 的废旧产品;以此类推,当 $j=n$ 时,表示再制造商采用 n 级回收契约,回收价格 $p_{j,i}$ 对应回收 $q\in(q_{j,i-1},q_{j,i})$ 的废旧产品。

考虑再制造分级回收行为,再制造商利用专业设备对废旧产品耗损程度评估,将初检环节精细化,降低内检废料率,并将旧件按照检测质量分为不同的质量批次。由于初检需要进行分级比较,再制造商需要承担单位检测成本 t_j 随着分级数的增加而以更快的速度增加。

根据检测评估结果,再制造商对应给出分级回收价格,形成差异化的"价格-质量"组合,把不同层次的回收产品区别开来,甚至可以回收更多的高质量废旧产品。

双方博弈下,批次回收价格对应批次最高回收质量,再制造商希望借助回收价格组合 $p(q_{j,i})(j=1,2,\cdots,n;i=1,2,\cdots,j)$ 对应回收 $q\in(q_{j,i-1},q_{j,i}]$ 的废旧产品。

分级回收行为能以较高的价格多回收质量更好的废旧产品,废旧产品质量较高,再制造商将耗费越少的成本进行再制造作业,这将使再制造成本节约;单位再制造成本会受到再制造规模的影响,回收的可再制造产品销售量越多,越有利于批量化作业,从而降低单位再制造成本。单位再制造成本 $c(q_{j,i-1},Q_{j,i})$ 由批次基础回收质量与批次规模共同决定。

回收数量 $Q_{j,i}$ 质量区间 $q\in(q_{j,i-1},q_{j,i}]$ 的废旧产品,再制造率为 $q_{j,i-1}$,满足 $S_{j,i}=q_{j,i-1}Q_{j,i}$。

较高质量水平批次的废旧产品需要付出的单位再制造成本会较低;对较低质量水平批次的废旧产品,支付回收成本会较低。

随着分级数的增加,再制造商可以降低整体回收成本、再制造成本,但同时需要支付更高的回收检测费用,统筹考虑两方面的影响,再制造商期望利润满足:

$$\begin{aligned}
\max_{q_{j,0},q_{j,m}} & \Pi_{R,j}(q_{j,i},p_{j,i},j) \\
= & p_R Q_m - C_{R,j} - C_{w,j} - C_{T,j} \\
= & p_R Q_m - [\beta(1-q_0)(q_{j,1}-q_0)Q + \beta(1-q_{j,1})(q_{j,2}-q_{j,1})Q + \cdots \\
& + \beta(1-q_{j,i})(q_m - q_{j,i})Q] - [(q_{j,1}-q_0)^2 + (q_{j,2}-q_{j,1})^2 + \cdots \\
& + (q_m - q_{j,i})^2]bQ - \frac{j(j+1)t}{2}Q_m
\end{aligned} \quad (3.20)$$

分别对各质量分级点 $q_{j,i}$ 求导,得出 $(j-1)$ 个方程,由式(3.21)表示:

$$\frac{\partial \Pi_{R,j}}{\partial q_{j,i}} = -\beta(2-q_{j,i-1}-q_{j,i+1}+2q_{j,i})Q + b(q_{j,i-1}+q_{j,i+1}-2q_{j,i})Q = 0,$$
$$i=1,2,\cdots,j-1 \quad (3.21)$$

将式(3.21)的$(j-1)$个方程联立,可以得出:

$$q_{j,i}^* = q_0 + \frac{i}{j}\frac{p_R-\beta(1-q_0)-t}{2b}, i=1,2,\cdots,j-1; j=1,2,\cdots,n. \quad (3.22)$$

$$p_{j,i}^* = \frac{i}{j}\frac{p_R-c(q_0)-t}{2}, i=1,2,\cdots,j-1; j=1,2,\cdots,n. \quad (3.23)$$

结论 3.9 对再制造商而言,最优的质量分级点$q_{j,i}^*$与分级数j、质量敏感系数b、再制造成本系数β、基础单位检测成本t负相关。分级数越多,回收价格受回收质量影响越大,质量对再制造成本影响越明显,最优质量分级点越密集。

将式(3.22)、(3.23)代入,再制造商的期望利润简化为分级数的函数,即:

$$\Pi_{R,j}(j) = p_R Q_m - \beta Q_m + bq_0 Q_m + \frac{(j+1)}{2j}(\beta-b)(q_0+q_m)Q_m - \frac{j(j+1)}{2}tQ_m \quad (3.24)$$

$$\frac{\partial \Pi_{R,j}(j)}{\partial j} = -\frac{1}{2}\frac{1}{j^2}(\beta-b)(q_0+q_m)Q_m - \frac{2j+1}{2}tQ_m$$

$$\frac{\partial^2 \Pi_{R,j}(j)}{\partial j^2} = \frac{1}{j^3}(\beta-b)(q_0+q_m)Q_m - tQ_m < 0$$

当满足条件$(\beta-b)(q_0+q_m)<tj^3$时,再制造商的期望利润是关于分级数j的凹函数,因此存在最优的分级数j^*使得再制造商的利润最大。

根据FOC条件,则有:

$$\frac{\partial \Pi_{R,j}(j)}{\partial j} = \frac{(\beta-b)(q_0+q_m)Q_m}{2}(-\frac{1}{j^2}) - \frac{2j+1}{2}tQ_m = 0 \quad (3.25)$$

整理可得:

$$(2j^*+1)(j^*)^2 = \frac{(b-\beta)(q_0+q_m)}{t} = \frac{b-\beta}{t}\left[2q_0+\frac{p_R-\beta(1-q_0)-t}{2b}\right] \quad (3.26)$$

性质 3.1 分级回收定价决策下,再制造商的最优分级数受单位再制造成本与单位检测成本影响。当回收质量对回收价格的影响比对再制造成本节约的影响明显时,回收质量对再制造成本的影响越明显,再制造商的最优分级数会减少。回收质量受回收价格的影响越明显,最优分级数越多。单位检测成本的增加使得再制造商由于分级带来的整体检测成本快速增加,再制造商将不会选择过多的分级策略。

证明:由于最优分级数j^*为大于等于1的正整数,令$L=(2j^*+1)j^{*2}$,则:$j^*=1,L=3$;$j^*=2,L=20$;$j^*=3,L=63$;$j^*=4,L=144$,以此类推。可以根据L的性质来分析决策变量j^*的性质。

令$L=(2j^*+1)j^{*2}$,则:

$$L=\frac{b-\beta}{t}\left[2q_0+\frac{p_R-\beta(1-q_0)-t}{2b}\right]$$

$$\frac{\partial L}{\partial \beta}=-\frac{1}{t}\left[2q_0+\frac{r_R+(b-2\beta)(1-q_0)-t}{2b}\right] \quad (3.27)$$

$$=-\frac{1}{t}\left[2q_0+\frac{(b-\beta)(1-q_0)}{2b}+\frac{p_R-\beta(1-q_0)-t}{2b}\right]$$

当$b>\beta$时,$\frac{\partial L}{\partial \beta}<0$,则:$\frac{\partial j^*}{\partial \beta}<0$。

$$\frac{\partial L}{\partial b}=\frac{1}{t}\left[2q_0+\frac{p_R-\beta(1-q_0)-t}{2b}\right]+\frac{b-\beta}{t}\left[-\frac{p_R-\beta(1-q_0)-t}{2b^2}\right]$$

$$=\frac{1}{t}\left[2q_0+\frac{p_R-\beta(1-q_0)-t}{2b}-\frac{(b-\beta)[p_R-\beta(1-q_0)-t]}{2b^2}\right] \quad (3.28)$$

$$=\frac{1}{t}\left[2q_0+\beta\frac{[p_R-\beta(1-q_0)-t]}{2b^2}\right]>0$$

则:$\frac{\partial j^*}{\partial b}>0$。

$$q_{j,i}^*=q_0+\frac{i}{j}\frac{p_R-\beta(1-q_0)-t}{2b},j=2,3,\cdots,n;i=1,2,\cdots,j-1$$

$$p_{j,i}^*=\frac{i}{j}\frac{p_R-\beta(1-q_0)-t}{2},j=2,3,\cdots,n;i=1,2,\cdots,j-1 \quad (3.29)$$

$$(2j^*+1)(j^*)^2=\frac{b-\beta}{t}\left[2q_0+\frac{p_R-\beta(1-q_0)-t}{2b}\right]$$

由于最优分级数选择的分析复杂,受到质量敏感系数b与再制造成本系数β的综合影响,无法直接获得解析式并分析特征。因此,选取$b\in(300,900)$,$\beta\in(100,300)$的相关数值,运用Matlab对最优分级数选择的影响因素展开分析。

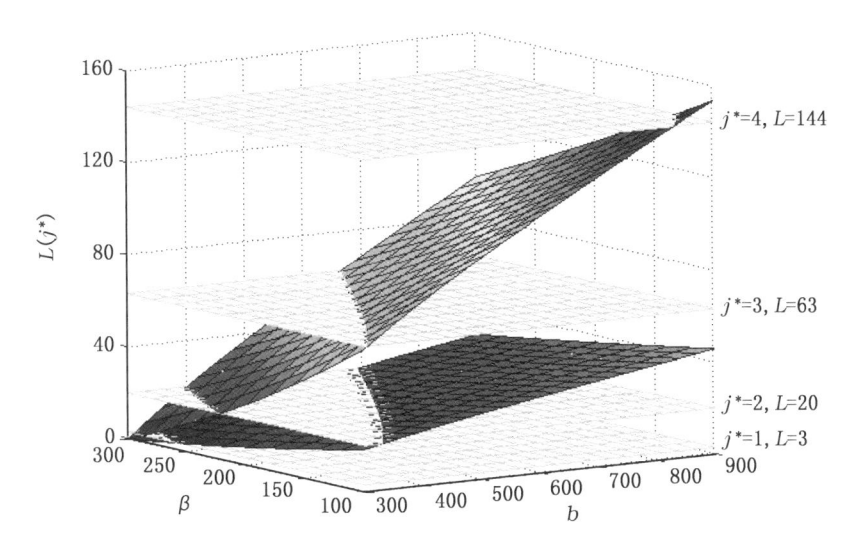

图 3.7 **j* 的选择受 b 与 β 的影响**

图 3.7 中，两个曲面分别表示关于最优分级数的函数 $L(j^*)$ 在基础检验成本 $t=3,t=10$ 时的取值，四个平面分别表示最优分级数为 1,2,3,4 时 L 的取值，曲面与平面的交线分别表示最优分级数为 1,2,3,4 时质量敏感系数 b 与再制造成本系数 β 的表现。当基础检验成本为 3 时，随着质量敏感系数 b 的增加与再制造成本系数 β 的减少，关于最优分级数的函数 $L(j^*)$ 以曲面的形式逐渐增加，依次与 $j^*=1,j^*=2,j^*=3,j^*=4$ 的平面相交，即最优的分级数依次选择一级、二级、三级与四级。如果基础检测成本增加到 10 单位，关于最优分级数的函数 $L(j^*)$ 的曲面变得平缓，仅与 $j^*=1,j^*=2$ 的平面相交，即随着质量敏感系数 b 的增加与再制造成本系数 β 的减少，最优的分级数只能依次选择一级和二级。

结论 3.10 最优回收分级数 j^* 的选择需要考虑基础检验成本 t，质量敏感系数 b 与再制造成本系数 β 等多因素的综合影响。图 3.7 的数值分析给出了选择统一回收定价决策、两级回收定价决策、三级回收定价决策与四级回收定价决策的情景，可以看出：质量敏感系数 b 对最优分级数有正向影响，即：回收价格对回收质量越敏感，回收质量对单位再制造成本的影响越大，再制造商就应设计越多的回收分级；再制造成本系数 β 对分级数有负向影响，即：回收质量对单位再制造成本的影响越大，分级数应该越少；而单位基础检测成本 t 对分级数有负影响，t 越高，分级回收定价决策下的单位检测成本 $[j(j+1)]t/2$ 就越高，最优回收分级数应越少。当 $t=3$ 时,随着参数 b,β 的变化,最优分级数对应可以选取 1,2,3,4;而当 $t=10$ 时,在参数 b,β 的变化区间内,最优分级数只可以选取 1,2;且满足 $L>0$ 条件下,$t=3$ 对应曲面一直处于上方,即面对同样的参数取值,会更有可能获得较高的分级数。

对于分级回收定价决策对回收质量影响明显,检测成本不是很高的旧件,再制造商更倾向于采用分级回收方式,具体的分级数需要综合来自回收成本、再制造成本、检测成本、回收规模等多方面的综合影响。分级回收定价决策下,旧件的单位再制造成本越低,单位检测成本越低,再制造商越有动力扩大回收再制造规模,其最优等级回收价格都会有所提高,这与统一回收定价决策下的表现一致。随着再制造发展到规模以上的成熟阶段,单位再制造成本降低,再制造上更倾向于采用分级回收定价与分级再制造,不同质量旧件的分级定价信号,可以更加有效地调节旧件回收市场供求,引导旧件的合理流向与配置,提高回收效率。

推论 3.9 由于最优分级数只能取正整数,对应函数 $L(j^*)$ 的取值离散,不管参数是正向影响,还是负影响,只有当这种影响累积到一定程度时,才会导致最优分级数的变化。

推论 3.10 从一般意义而言,现实中的回收再制造的再制造产量远远小于规模经济量。再制造规模较小的情况下,规模效应明显。可以认为,再制造商回收废旧产品数量越多,基于规模效应,其单位再制造成本越低。如果放松"回收 Q_m 单位质量 $q \in (q_0, q_m)$ 的废旧产品"的假设,在分级回收定价决策下的最高回收价格 p_H 将高于统一回收定价决策下的回收价格 p_m,并能够额外回收 $q \in (q_m, q_H)$ 的废旧产品,且这部分废旧产品的再制造成本更低,会使再制造商期望利润更高。再制造商会更加倾向采纳分级回收定价决策。

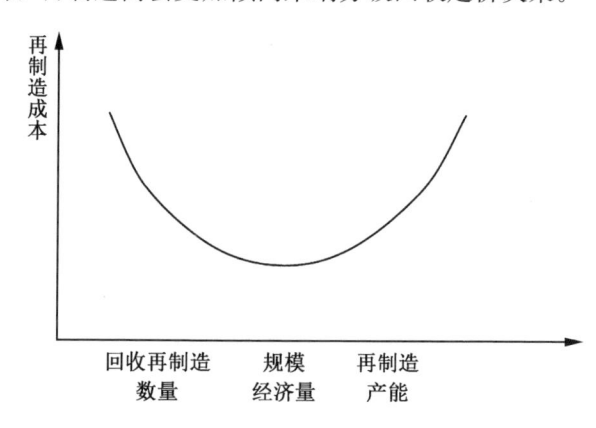

图 3.8 回收再造成本与回收再造数量

推论 3.11 由曲面与平面相交形成的分级决策线是关于质量敏感系数 b 与再制造成本系数 β 的凸函数。随着质量敏感系数 b 的增加,再制造成本系数 β 对分级决策的影响减弱。

三、主要参数的灵敏度分析

在上述研究的基础上,通过算例对模型中的主要参数进行灵敏度分析。

以博世商用车共轨再制造高压泵为例,选取 $p_R=400, Q=600, b=500, \beta=200, t=8, q_0=0.2$,考察参数 b, β, t, q_0 的变化率分别取值($-30\%, -10\%, +10\%, +30\%$)时解的稳定性与模型的稳健性。

面对回收再制造 600 单位废旧共轨高压泵的任务与再制造产品售价为 400 单位的市场环境,考虑回收再制造系统在不同定价决策下的表现。统一回收定价决策下,只存在一个回收分级,灵敏度分析中侧重考察四个参数变动对最优回收质量、最优回收价格与再制造商期望利润影响的分析。分级回收定价决策下,分别关注参数变化对分级数、质量分级点、分级回收价格以及再制造商期望利润的影响程度,具体如表 3.1 所示。

结论 3.11 随着参数变化,分级决策会产生不同变化,进而影响期望利润的变化。最优分级决策对质量敏感系数 b 最敏感,当 b 取值增加 10% 时,最优定价决策由统一定价变为二级定价决策,并对应带来期望利润的提升;当 b 取值增加 30% 时,二级定价决策最优,相比统一回收定价,减少了期望利润的损失。再制造成本系数 β 的变化对期望利润影响明显,尤其是当 β 取值增加 30% 时,最优定价决策由统一定价变为二级定价决策,期望利润提升 46.34%,高于统一回收决策下的表现。基础检测成本 t 减少 30% 时,亦会影响回收定价决策,二级定价决策最优,且使得期望利润提升 37.28%,远远高于统一回收定价下的期望利润 2.08% 的提升值。基础回收质量 q_0 取值增加 30% 时,最优分级数增加到二级,期望利润增加 36.34%,远高于统一定价下的 10.61%。

结论 3.12 当参数变化不足以改变分级数选择时,质量敏感系数 b、再制造成本系数 β 的变化会使得模型的最优解及期望利润产生反向变化,而基础回收质量 q_0 会产生正向影响,这与之前的模型分析一致,相关结论被验证。当参数变化使得最优分级数提高时,分级回收定价决策下的相邻质量分级点及对应回收价格会在原统一决策下的取值上向相反方向变动,进而改善期望利润的取值。

表 3.1　　参数变化对模型最优解与最优期望利润的影响百分比

（单位:%,保留两位小数）

参数	变化率	统一回收定价决策			分级回收定价决策			
		回收质量上限 q_m^* 变化率	回收价格 p_m^* 变化率	期望利润 $\Pi_{R,1}^*$ 变化率	分级数 j^* 变化	质量分级点 $q_{j,i}^*$ 变化率	分级回收价格 $p_{j,i}^*$ 变化率	期望利润 $\Pi_{R,j}^*$ 变化率
b	−30%	25.54%		42.86%	1	26.82%		42.86%
	−10%	6.62%		11.11%	1	7.71%		11.11%
	+10%	−6.33%	0.00%	−9.09%	2	−32.28%	0.00%	13.28%
						−5.38%		
	+30%	−14.53%		−23.08%	2	−36.42%		−13.49%
						−13.66%		
β	−30%	12.24%	20.69%	41.66%	2	−23.47%	−39.66%	46.34%
						12.24%	20.69%	
	−10%	4.08%	6.90%	14.27%	1	4.08%	6.90%	14.27%
	+10%	−4.08%	−6.90%	−13.31%	1	−4.08%	−6.90%	−13.32%
	+30%	−12.25%	−20.69%	−37.10%	1	−12.25%	−20.69%	−37.10%
t	−30%	0.61%	1.03%	2.08%	2	−29.29%	−49.48%	37.28%
						0.61%	1.03%	
	−10%	0.20%	0.34%	0.69%	1	0.20%	0.34%	0.69%
	+10%	−0.20%	−0.34%	−0.69%	1	−0.20%	−0.34%	−0.69%
	+30%	−0.61%	−1.03%	−2.06%	1	−0.61%	−1.03%	−2.06%
q_0	−30%	−12.25%	−5.17%	−10.08%	1	−12.25%	−5.17%	−10.08%
	−10%	−4.08%	−1.72%	−3.42%	1	−4.08%	−1.72%	−3.42%
	+10%	4.08%	1.72%	3.48%	1	4.08%	1.72%	3.48%
	+30%	12.24%	5.17%	10.61%	2	−17.35%	−47.41%	36.34%
						12.24%	5.17%	

结论 3.13　灵敏度分析体现出最优解的稳定性与模型的稳健性。参数中质量敏感系数 b 对模型的影响最为明显,最优解的变动幅度都低于 b 的变化率,当 b 减少时,期望利润的增加幅度略高于 b 的变化幅度。不存在分级决策变化时,由参数 β、t、q_0 引致的最优解与期望利润的变动幅度都很不明显。当分级决策优于统一定价决策时,分级决策下的期望利润变化略高于参数变化幅度。综上,通过灵敏度分析,模型解的稳定性与模型的稳健型较好。

结论 3.14 不是所有的产品都适合分级回收,对于回收质量波动大、分散化的旧件,回收定价对回收质量调节作用越明显,再制造成本节约受回收质量影响越明显,基础检测成本较低的情景下,再制造商越倾向选择较多分级的回收策略;反之,应选择统一回收定价决策,以控制检测成本并保证批量规模。

结论 3.15 分级回收定价决策采用"质量-价格"组合方式,尝试引入不同分级,在尊重差异的同时兼顾规模,随着分级数的增加,再制造成本与回收价格的节约速度放缓,而单位检测成本增速加快,必然存在最优分级数。

结论 3.16 再制造起步初期阶段,回收再制造规模较小,再制造商往往采用统一回收定价策略。随着回收再制造的发展,回收规模逐渐扩大,再制造产能规模扩大,单位再制造成本降低,对回收质量的依赖减弱,再制造商倾向分级回收。

四、分级回收下的绿色生产契约定价影响

从促进再制造产业发展的视角出发,讨论分级回收下的绿色生产契约对于促进废旧产品回收,提高再制造商收益与再制造市场效率的作用原理,发现:借助质量分级,质量波动大、分散化的废旧产品能够更好地满足再制造商的质量需求,回收环节的交易成本得以降低;而不同等级废旧产品的价格信号,可以更加有效地调节废旧产品回收市场供需,引导废旧产品的合理流向与配置,提高回收效率,如图 3.9 所示。

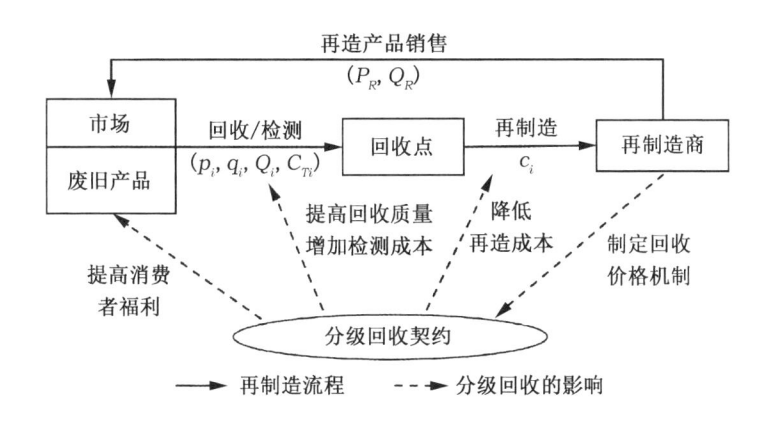

图 3.9 分级回收对废旧产品再制造的影响

(一)回收定价决策的选择

再制造商需要根据再制造产品回收特点(回收价格、成本对回收质量的敏感度)、回收质量分布等因素,决定采用统一回收定价,还是分级回收定价。

(二)分级回收定价决策对再制造系统的影响

采用分级回收定价决策除了减少废旧产品的多样性,实现回收环节同质量分级回收产品回收外,还可以降低废旧产品的交易成本。相对于新产品,在废旧产品回收再制造环节上,由于交易双方存在较严重的有限理性和机会主义行为,使得交易成本过高,限制了废旧产品的回收再制造活动。而废旧产品的质量分级标准界定了不同分级废旧产品的质量范围,实现了废旧产品质量信息在回收交易中的有效传递,相应的分级回收产品价格信号也更能发挥资源配置的功能。分级定价标准提供的信息降低了买卖双方决策的不确定性,减少了回收商与再制造商的信息搜集成本,提高了废旧产品的回收再制造效率。

(三)回收定价决策优化对再制造商的影响

再制造企业在实施分级回收下的绿色生产契约时,既要考虑再制造工艺的分类,也要考虑分级的成本和分级的可行性,分级所依据的质量特征应该是再制造商所关注的、影响再制造成本的质量特征。分级回收下的绿色生产契约也会引导拥有高质量废旧产品的消费者去接受质量检验或者提供质量证明,也会一定程度上改进消费者的使用习惯。回收契约优化对再制造商的影响。

再制造商作为领导者来制定规则,会权衡各因素的影响力,选择最有利的回收定价机制,显然这比传统统一回收定价决策有效率。在实践中,回收质量分级的确定既要考虑分级的成本,还要兼顾分级的可行性。分级所依据的质量特征必须是再制造商所关注的,并结合再制造产品工艺的特点进行分级,使得质量分级能够提高再制造作业的效率。由再制造商主导的废旧产品质量分级,再制造商要实现预期利润最大化,必须对再制造工艺以及再制造成本有充分的了解。

(四)回收定价决策优化对消费者的影响

借助分级回收下的绿色生产契约的设计,分级回收有利于提高消费者福利。分级所依据的质量特征必须是再制造商所关注的、影响再制造成本的质量特征。分级回收同样满足了消费者对废旧产品分类的要求,高质量的废旧产品会以更高的价格被回收,这"优质优价"的分级回收规则会促使消费者改进使用习惯。长远来看,消费者产品使用习惯与回收理念的改变能够不断优化回收产品质量结构,从而促进回收再制造产业的长期发展。

生产制造系统面对的是质量稳定、供给量可预期的原材料输入,而逆向渠道回收再制造系统面对的是回收质量客观差异大且回收数量不稳定的废旧产品输入,这也是回收再制造系统复杂的源泉。要研究再制造系统首先需要直面其回收质量的不确定性。本章思考旧品质量分级的回收定价决策,并考虑其对回收质量、回收成本、再制造成本、检验成本等再制造系统要素的影响,通过研究发现:(1)市场价格在回收再制造系统中起到重要作用,分级回收定价决策需要承担检测成本等系列相关成本增加以及由于批量不经济带来的相关成本增加,并同时享受回收成本、再制造成本节约的红利,并不是所有的产品都适合分级回收。(2)回收质量对回收定价越明显,回收质量波动大,再制造成本节约回收质量影响越明显,基础检测成本越低的情景下,分级回收的优势越显著;反之,应选择统一回收定价,以控制检测成本并保证批量规模。(3)分级回收定价决策采用"质量-价格"组合方式,尝试引入不同分级,在尊重差异的同时兼顾规模,随着分级数的增加,再制造成本与回收价格的节约速度放缓,而单位检测成本增速加快,必然存在最优分级数。(4)分级回收定价决策不是分级越多越好,最优回收分级数的选择会受到质量敏感系数的正向影响,受到基础检测成本与再制造成本系数的负向影响。借助质量分级,质量波动大、分散化的废旧产品能够更好地满足再制造商的质量需求,回收环节的交易成本得以降低;而不同分级废旧产品的价格信号,可以更加有效地调节废旧产品回收市场供求,引导废旧产品的合理流向与配置,提高回收效率。

生产制造系统面对的是质量稳定、供给量可预期的原材料输入,而回收再制造系统面对的是回收质量客观差异大且回收数量不稳定的旧件输入,这也是回收再制造系统复杂的源泉。本书直面回收质量不确定的问题,通过构建统一回收定价决策模型与分级回收定价决策模型,思考回收定价决策对回收质量、回收成本、再制造成本、检验成本等再制造系统要素的影响,权衡各方面影响后选择适合的回收定价策略。

本研究具有实践指导意义,具体如下:

(1)回收定价决策的选择。再制造商需要根据再制造产品回收特点(回收价格、成本对回收质量的敏感度)、回收质量分布等因素,决定采用统一回收定价,还是分级回收定价。

(2)分级回收定价决策对再制造系统的影响。采用分级回收定价决策除了减少旧件的多样性,实现回收环节同质量分级回收产品回收外,还可以降低旧件的交易成本。相对于新产品,在旧件回收再制造环节上,由于交易双方存在较严重的有限理性和机会主义行为,使得交易成本过高,限制了旧件的回收再制造活动。而旧件的质量分级标准界定了不同等级旧件的质量范围,实现了旧件质量信息在回收交易中的有效传递,相应的分级回收产品价格信号也更能发挥资源配置的功能。分级定价标准提供的信息降低了买卖双方决策的不确定性,减少了回收商与再制造商的信息搜集成本,提高了旧件的回收再制造效率。

(3)回收定价决策优化对再制造商的影响。再制造商作为领导者来制定回收定价规则,会权衡各因素的影响力,选择最有利的回收定价机制,显然这比传统回收定价决策有效率。在实践中,回收质量分级的确定既要考虑分级的成本,还要兼顾分级的可行性。分级所依据的质量特征必须是再制造商所关注的,并结合再制造产品工艺的特点进行分级,使得质量分级能够提高再制造作业的效率。由再制造商主导的旧件质量分级,再制造商要实现预期利润最大化,必须对再制造工艺以及再制造成本有充分的了解。

(4)回收定价决策优化对消费者的影响。借助分级回收定价决策的设计,满足了消费者对旧件分级的要求,高质量的旧件会以更高的价格被回收,这"优质优价"的分级回收规则会促使消费者改进使用习惯。长久来看,消费者产品使用习惯与回收理念的改变能够不断优化回收产品质量结构,从而促进回收再制造产业的长期发展。

本章小结

随着再制造产业的兴起,为实现持续发展,作为主导者的再制造企业有必要从回收再制造整体过程考虑,来探索分级回收定价策略,以便实现高效回收。本章探讨了逆向渠道回收再制造系统的分级回收下的绿色生产契约,在分析回收再制造行为的基础上,通过数值分析对回收定价策略进行比较研究,构建旧件回收定价决策模型,讨论适合分级回收的条件,进而研究最优分级回收定价决策的制定。研究表明回收契约在回收再制造系统中起到重要作用,不是所有类别的废旧产品都适合分级回收定价,最优分级定价决策受回收质量对回收价格与成本的影响、回收质量分布、检测成本高低作用明显;在不同再制造发展阶段的回收定价决策不同;在适用分级回收定价决策的情景下,必然存在最优分级数;最优回收分级数的选择会受到回收再制造行为特征以及检测成本等因素的影响。逆向渠道的分级回收下的绿色生产契约对于目前面临的旧件供应不足问题,在扩大回收数量的同时,更是提高了高质量废旧产品的回收供应量,进而产能得到更充分的利用。

合适的分级回收下的绿色生产契约能够回收到更多高质量的废旧产品,一定程度上缓解了回收再制造中旧件不足的问题。分级回收下的绿色生产契约在一定条件下具有优势,但并不一定是分级越多越好。再制造商需要做出分级数、分级标准、分级回收价格决策。借助质量分级,质量波动大、分散化的废旧产品能够更好地满足再制造商的质量需求,回收环节的交易成本得以降低;而不同等级废旧产品的价格信号,可以更加有效地调节废旧产品回收市场供需,引导废旧产品的合理流向与配置,提高回收效率。研究显示对检测成本不高,但回收再制造行为对回收质量敏感的旧件采用分级回收定价策略,借助分级价格信号,有效调节回收市场供求,引导废旧产品的合理流向与配置,提高回收效率。

第四章 绿色发展理念下闭环供应链质量分级协同模型构建

第一节 模型描述与符号及函数设定

一、研究背景

闭环供应链中，废旧产品获取渠道的优劣成为其是否可以规模化发展的基础条件。本章将尝试在互联网背景下，建立高效的废旧产品回收系统，为相关产品的再制造提供有效的原料保障。

O2O背景下，供应商可以通过服务商的网络来开展商品的销售工作，与此同时供应商也可以利用电子商务进行线上销售。线上销售也可分为两种情况，一种是商品直接邮寄到消费者手中，中间不经过服务商等渠道，另外一种是线上销售的商品先进入服务商处，消费者到服务商处提货并享受服务商所提供的安装调试等服务，即在服务商处实行"线上下单支付，线下取货"的方式。这是正向供应链的情形。另外随着公众环保意识的不断增强，再加上目前国家大力倡导发展低碳经济、共享经济。在这种背景下产品的回收再制造显得尤为重要，而在物流业快速发展的当下，产品的回收也有线上和线下两种渠道。线上渠道指的是消费者将待回收产品通过快递的方式邮寄给生产厂家，运费由厂家负担。此处的线下渠道指的是消费者将待回收商品交递给服务商，再由服务商将汇集的回收商品转交给上游的生产商（此处，服务商对回收商品进行检验包装存储等活动）而回收的商品具有一定的价值，这部分价值要由生产商和服务商进行共享，服务商所获得的分成比例至少能够抵消因为提供了回收商品的检验包装存储等服务所花费的成本，更高的分成比例能够激励服务商更好地开展产品的回收工作。

因此，正向和逆向供应链在O2O环境下都有两种渠道，而这些渠道之间具有明显的互补关系。线上渠道销售量增加意味着消费者更多地接触了网络销售平台，从而能够促进回收品通过线上的渠道进行回收，消费者更加熟悉网络销售平台的布局，在该平台上发布相应的回收信息便能够取得较好的效果。另外一方面，线上销售服务商处取货的方式也能够促使消费者提高产品的回收率。比如服务商网络中各个节点都设置了产品的回收点，消费者在取货的同时便可以完成产品的回收工作，若厂家再开展诸如以旧换新等活动便能够取得更好的产品回收效果。因此不管是线下还是线上的产品回收比率都会受到正向供应链双渠道的影响。

二、模型描述

本书讨论由单一生产商与单一服务商组成的闭环双渠道供应链，生产商负责制造/再制造与线上直销，服务商负责渠道送货与逆向回收。闭环双渠道供应链涉及正向渠道与逆向渠道的协调运作（如图4.1所示），具体来看：

正向渠道：线上生产商负责产品制造再制造和线上直销产品，处理与接收消费者订单，并将订单传递给线下服务商（负责产品配送、使用指导、产品维护、产品体验以及退货返回等服务）。线下服务商在提供服务的同时，利用渠道布点负责产品的批发销售。

逆向渠道：线下服务商负责逆向渠道废旧产品的回收工作，以一定的价格从消费者手中回收废旧产品，并提供系列的逆向渠道服务；线上生产商对线下回收的每一单位废旧产品给予一定的转移支付。

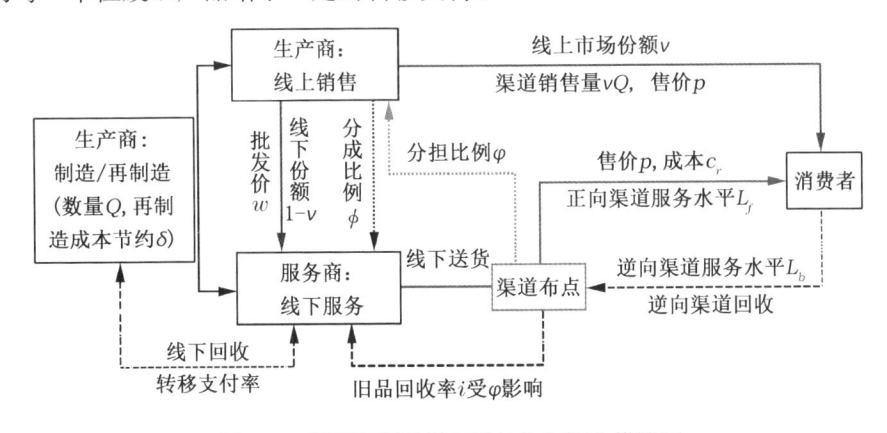

图4.1　闭环双渠道供应链结构与运作描述图

闭环供应链中,生产商给予线下服务商一定比例 ϕ 的产品销售收益分成;并分担一定比例 φ 的渠道投资。生产商作为市场的主导者,决定收益分成比例与渠道投资比例以激励服务商。生产商首先做出销量与回收决策,服务商根据观察到的生产商表现,决定提供的正向与逆向渠道服务水平。

三、符号设定

模型参数

D	产品的市场需求量	S	旧件回收数量
α_1	直销价格敏感系数	α_2	正向渠道服务敏感系数
β_1	回收价格敏感系数	β_2	逆向渠道服务敏感系数
p	产品销售价格	δ	再制造成本节约
K_b	逆向渠道投资系数	K_f	正向渠道投资系数
Φ	销售收益分成比例	φ	渠道投资分担比例
i	旧件回收率	τ	回收转移支付比例
c_r	线下渠道单位销售成本	c	单位新件制造成本

决策变量

p_r	线下服务商旧件回收价格	Q	产品销售量
L_f	正向渠道服务努力水平	L_b	逆向渠道服务努力水平

四、函数界定

(一)期望销售函数

市场实际需求会受到不确定因素的影响,当生产商的产品供应数量大于市场需求时,产品积压;当产品畅销,产品供应数量不足以满足市场需求时,会出现缺货。由于供求关系中不确定因素的影响,生产商在生产决策时需要承担滞销或缺货损失,市场实际销售数量应为产品供应数量和市场需求的最小值(Gérard P. Cachon et al.,2005)。生产商制造/再制造的产品市场销售数量会受到这类市场需求不确定性的影响,可以将产品期望销售函数表达为 $\min(Q,D)$。

$$\min(D,Q) = Q - \int_0^Q F(x)dx$$

其中,实际的市场需求 x 的概率密度函数为 $f(x)$,分布函数为 $F(x)$。

(二)制造成本函数

本章模型中,生产商负责制造 $(Q-S)$ 单位的新产品、再制造 S 单位的再制造产品。生产商的总制造成本函数可以表述为:

$$c(Q-S)+(c-\delta+\tau p_r)S = -(\delta-\tau p_r)S+cQ$$

其中,τp_r 为生产商支付给服务商的回收转移支付,即生产商付出的旧件回收成本。

(三)回收比率函数

旧件回收数量会受生产商对渠道投资分担比例的影响,生产商分担的渠道投资越多,越有利于调动服务商的回收积极性。借鉴现有文献(Xing,K. et al.,2007),回收渠道投资是关于分担比例的指数函数 $I=\mu e^{\varphi}(\mu>0)$。回收比率受回收渠道投资的影响(Savaskan,R. C. et al.,2004),$i=\eta\sqrt{I}(\eta>1)$,则受此影响的回收比率 $i(\varphi)=\eta\sqrt{\mu}e^{\frac{\varphi}{2}}$,令 $\eta\sqrt{\mu}=\theta$,则 $i(\varphi)=\theta e^{\frac{\varphi}{2}}$,$\theta>0$。

(四)回收数量函数

Dumrongsiri 等(2008)指出价格和服务是影响消费者购买决策的重要因素,同样旧件回收数量也会受到回收价格、渠道服务的影响,此外在闭环供应链中的回收数量还会受生产商的渠道投资分担比例影响。借鉴 Chiang(2003)、Huang 和 Swaminathan(2009)的线性需求函数,本章研究对旧件回收数量函数的定义如下:

$$S=i(\varphi)Q+\beta_1 p_r+\beta_2 L_b, i(\varphi)\in(0,1), \beta_1>0, \beta_2>0$$

其中,$i(\varphi)Q$ 为渠道投资分担比例,衡量了回收数量对生产商渠道投资分担比例的敏感程度;β_1 为回收价格敏感系数,衡量了回收数量对回收价格的敏感程度;β_2 为逆向渠道服务敏感系数,衡量了回收数量对逆向渠道服务的敏感程度。

(五)服务成本函数

渠道的服务水平会影响服务成本,渠道投资函数是关于服务水平的严格凸函数,借鉴 Yan 函数和 Pei 函数的形式,将渠道投资函数表示为 $c(L)=KL^2/2$。本书中的渠道服务投入涉及正向渠道与逆向渠道的投资,并对应受各渠道服务水平的影响,具体来看:正向渠道要针对销售的产品提供相应服务,投入的服务成本受服务水平影响,表示为 $K_f L_f^2/2$,其中,正向渠道服务成本投入系数

$K_f>0$,正向渠道服务水平 L_f 取值区间在 $[0,1]$ 之间;逆向渠道针对旧件回收提供相应服务,投入的服务成本亦受服务水平影响,表示为 $K_bL_b^2/2$,其中,逆向渠道服务成本投入系数 $K_b>0$,逆向渠道服务水平 L_b 取值区间在 $[0,1]$ 之间。

第二节 闭环供应链双渠道基础模型

生产商进行制造与直销,服务商提供渠道服务与线下销售且借助逆向渠道统一回收旧件,生产商和服务商目标均为期望利润最大化。

一、双渠道基础模型

(一)生产商期望利润

生产商作为闭环供应链的主导者,负责新品制造、旧件再制造、产品(含新品与再制造产品)线上销售以及从服务商处回收旧件。生产商享有 $pv\min(Q,D)$ 中的 $(1-\phi)$ 比例的销售收益,以 w 的批发价提供给服务商线下销售并获利 $w(1-v)\min(Q,D)$,扣除新品制造与旧件再制造成本 $-(\delta-\tau p_r)S+cQ$,并分担部分渠道投资 $[\varphi(K_fL_f^2+K_bL_b^2)]/2$。其期望利润函数为:

$$E(\Pi_m)=(1-\phi)pv\min(Q,D)+w(1-v)\min(Q,D)$$
$$+(\delta-\tau p_r)[i(\varphi)Q+\beta_1 p_r+\beta_2 L_b]-c_mQ-\frac{1}{2}\varphi(K_fL_f^2+K_bL_b^2)$$
$$=[(1-\phi)v(p_0-\alpha_1 Q+\alpha_2 L_f)+(1-v)w]\min(Q,D)$$
$$+(\delta-\tau p_r)(\theta e^{\frac{\varphi}{2}}Q+\beta_1 p_r+\beta_2 L_b)-c_mQ-\frac{1}{2}\varphi(K_fL_f^2+K_bL_b^2)$$

(二)服务商期望利润

服务商在闭环供应链中作为追随者,负责线下销售、旧件回收、渠道服务提供等任务。通过与生产商合作,服务商获得销售收益分成 $\phi pv\min(Q,D)$、线下产品批发销售收益 $(p-w-c_r)(1-v)\min(Q,D)$,以及回收价格差值收入 $(\tau-1)p_r[i(\varphi)Q+\beta_1 p_r+\beta_2 L_b]$,同时,承担部分渠道投资 $[(1-\varphi)(K_fL_f^2+K_bL_b^2)]/2$。因此,线下服务商的期望利润表示为:

$$E(\Pi_r)=\phi pv\min(Q,D)+(p-w-c_r)(1-v)\min(Q,D)$$

$$+(\tau-1)p_r[i(\varphi)Q+\beta_1 p_r+\beta_2 L_b]-\frac{1}{2}(1-\varphi)(K_f L_f^2+K_b L_b^2)$$

$$=[1-(1-\phi)\upsilon]p\min(Q,D)-(1-\upsilon)(w+c_r)\min(Q,D)$$

$$+(\tau-1)p_r(\theta e^{\frac{\varphi}{2}}Q+\beta_1 p_r+\beta_2 L_b)-\frac{1}{2}(1-\varphi)(K_f L_f^2+K_b L_b^2)$$

$$=\{[1-(1-\phi)\upsilon](p_0-\alpha_1 Q+\alpha_2 L_f)-(1-\upsilon)(w+c_r)\}\min(Q,D)$$

$$+(\tau-1)p_r(\theta e^{\frac{\varphi}{2}}Q+\beta_1 p_r+\beta_2 L_b)-\frac{1}{2}(1-\varphi)(K_f L_f^2+K_b L_b^2)$$

(三)双渠道决策模型的建立

闭环供应链中,随着线上生产商与线下服务商合作的加深,双方会向着战略合作伙伴的方向发展,不但共享销售收益,还会共担渠道投资,共同致力于渠道利润的提高,再通过利润的重新分配,使得双方的境况都有所改善。因此,在闭环供应链中,双方构成以生产商为主导的 Stackelberg 博弈关系,从"收益共享－成本共担"的角度考虑目标函数如下:

$$\max E(\Pi_m)=[(1-\phi)\upsilon(p_0-\alpha_1 Q+\alpha_2 L_f)+(1-\upsilon)w]\min(Q,D)$$

$$+(\delta-\tau p_r)(\theta e^{\frac{\varphi}{2}}Q+\beta_1 p_r+\beta_2 L_b)-cQ$$

$$-\frac{1}{2}\varphi(K_f L_f^2+K_b L_b^2) \tag{4.1}$$

s.t. $\max E(\Pi_r)=\phi p\upsilon\min(Q,D)+(p-w-c_r)(1-\upsilon)\min(Q,D)$

$$+(\tau-1)p_r[i(\varphi)Q+\beta_1 p_r+\beta_2 L_b]$$

$$-\frac{1}{2}(1-\varphi)(K_f L_f^2+K_b L_b^2)$$

$$=\{[1-(1-\phi)\upsilon](p_0-\alpha_1 Q+\alpha_2 L_f)-(1-\upsilon)(w+c_r)\}\min(Q,D)$$

$$+(\tau-1)p_r(\theta e^{\frac{\varphi}{2}}Q+\beta_1 p_r+\beta_2 L_b)$$

$$-\frac{1}{2}(1-\varphi)(K_f L_f^2+K_b L_b^2) \tag{4.2}$$

在决策中,生产商首先通过以往销售经验以及对市场的预测制定销售和回收决策,服务商在观测到生产商的决策后,再制定关于正向渠道和逆向渠道服务水平决策。

二、模型求解

依据逆向归纳法求解:

$$\frac{\partial E(\Pi_r)}{\partial L_f}=\alpha_2[1-(1-\phi)v]\min(Q,D)-(1-\varphi)K_fL_f$$

$$\frac{\partial E(\Pi_r)}{\partial L_b}=\beta_2(\tau-1)p_r-(1-\varphi)K_bL_b$$

根据线下的期望利润 $E(\Pi_r)$,令 $\partial E(\Pi_r)/\partial L_f=0$,$\partial E(\Pi_r)/\partial L_b=0$,可得目标函数的解,如下:

$$L_f^n=\frac{\alpha_2[1-(1-\phi)v]\min(Q,D)}{(1-\varphi)K_f} \tag{4.3}$$

$$L_b^n=\frac{\beta_2(\tau-1)p_r}{(1-\varphi)K_b} \tag{4.4}$$

将 L_f^n、L_b^n 的表达式分别代入生产商的期望利润函数 $E(\Pi_m)$,进而分别对 Q 和 p_r 求一阶偏导,令 $\partial E(\Pi_m)/\partial Q=0$,$\partial E(\Pi_m)/\partial p_r=0$,得出回收不分级情形下的最优产品销售量 Q^n 和回收价格 p_r^n:

令 $G(Q)=\alpha_1 v\min(Q,D)-\left[v(p_0-\alpha_1Q)+\dfrac{1}{1-\phi}(1-v)w\right]\overline{F}(Q)$

$-\left[2v-\varphi\dfrac{[1-(1-\phi)v]}{(1-\phi)(1-\varphi)}\right]\dfrac{\alpha_2^2[1-(1-\phi)v]}{(1-\varphi)K_f}\overline{F}(Q)\min(Q,D),$

$$Q^n=G^{-1}\left[\frac{\delta\theta e^{\frac{\varphi}{2}}-c}{1-\phi}-\frac{\tau\theta e^{\frac{\varphi}{2}}}{1-\phi}\frac{(-\tau\theta e^{\frac{\varphi}{2}}Q+\delta\beta_1)(1-\varphi)^2K_b+(1-\varphi)\delta(\tau-1)\beta_2^2}{2\beta_1\tau(1-\varphi)^2K_b+(2\tau-\varphi\tau-\varphi)(\tau-1)\beta_2^2}\right] \tag{4.5}$$

$$p_r^n=\frac{(-\tau\theta e^{\frac{\varphi}{2}}Q+\delta\beta_1)(1-\varphi)^2K_b+(1-\varphi)\delta(\tau-1)\beta_2^2}{2\beta_1\tau(1-\varphi)^2K_b+(2\tau-\varphi\tau-\varphi)(\tau-1)\beta_2^2} \tag{4.6}$$

三、模型性质分析

针对服务商的期望利润函数 $E(\Pi_r)$,分别对 L_f 与 L_b 求二阶导和混合偏导,可得:海塞矩阵的一阶主子式 $-(1-\varphi)K_f<0$,海塞矩阵的二阶主子式 $(1-\varphi)^2K_fK_b>0$。因此,$E(\Pi_r)$ 关于正向渠道服务水平 L_f 及逆向渠道服务水平 L_b 联合凹,得出定理4.1。

定理4.1 线下服务商的期望利润 $E(\Pi_r)$ 是关于正向渠道服务水平 L_f、逆向渠道服务水平 L_b 的联合凹函数,且存在最优的 L_f^n 以及 L_b^n 使得线下的期望利润 $E(\Pi_r)$ 最大。

定理4.1表明,线下服务商利润函数存在关于正向、逆向渠道服务努力投入水平的最优值,使得其期望利润达到最大。

证明:服务商的期望利润函数 $E(\Pi_r)$ 分别对 L_f 与 L_b 求二阶导和混合偏导,如下:

$$\frac{\partial^2 E(\Pi_r)}{\partial L_f^2} = -(1-\varphi)K_f < 0$$

$$\frac{\partial^2 E(\Pi_r)}{\partial L_f \partial L_b} = \frac{\partial^2 E(\Pi_r)}{\partial L_b \partial L_f} = 0$$

$$\frac{\partial^2 E(\Pi_r)}{\partial L_b^2} = -(1-\varphi)K_b < 0$$

服务商的期望利润函数 $E(\Pi_r)$ 的二阶海塞矩阵表示为:

$$\begin{bmatrix} \frac{\partial^2 E(\Pi_r)}{\partial L_f^2} & \frac{\partial^2 E(\Pi_r)}{\partial L_f \partial L_b} \\ \frac{\partial^2 E(\Pi_r)}{\partial L_b \partial L_f} & \frac{\partial^2 E(\Pi_r)}{\partial L_b^2} \end{bmatrix} = \begin{bmatrix} -(1-\varphi)K_f & 0 \\ 0 & -(1-\varphi)K_b \end{bmatrix}$$

海塞矩阵的一阶主子式满足: $-(1-\varphi)K_f < 0$

海塞矩阵的二阶主子式满足:

$$\begin{vmatrix} -(1-\varphi)K_f & 0 \\ 0 & -(1-\varphi)K_b \end{vmatrix} = (1-\varphi)^2 K_f K_b > 0$$

因此,$E(\Pi_r)$ 关于正向渠道服务水平 L_f 及逆向渠道服务水平 L_b 联合凹。

定理 4.1 得证。

针对生产商的期望利润函数 $E(\Pi_m)$,分别对 p_r 与 Q 求二阶导和混合偏导,可得:一阶主子式 $-2\tau\beta_1 - [\tau+(\tau-\varphi)/(1-\varphi)](\tau-1)\beta_2^2/(1-\varphi)K_b < 0$,海塞矩阵的二阶主子式满足 $f(Q)\min(Q,D) - [\overline{F}(Q)]^2 > \theta^2 \tau e/(2\beta_1 \omega)$ 时大于零。因此,$E(\Pi_m)$ 是关于产品销售量 Q 和回收价格 p_r 的联合凹函数,得出定理 4.2。

定理 4.2 当 $(1-\phi)\upsilon > \varphi/(2-\varphi)$ 且 $f(Q)\min(Q,D) - [\overline{F}(Q)]^2 > \theta^2 \tau e/(2\beta_1 \omega)$ 时,$E(\Pi_m)$ 是关于产品销售量 Q 及回收价格 p_r 联合凹函数,存在最优的 Q^n 及 p_r^n 使得线上生产商的期望利润 $E(\Pi_m)$ 最大。

定理 4.2 表明,对于线上生产商而言,当满足一定条件时,生产商的期望利润关于产品销售量以及旧品回收价格存在最优值,使得其期望利润达到最大。

证明:

当满足 $(1-\phi)\upsilon > \varphi/(2-\varphi)$ 时,$(1-\phi)\upsilon[1+1/(1-\varphi)] > \varphi/(1-\varphi)$,

此时

$2(1-\phi)v-\varphi[1-(1-\phi)v]/(1-\varphi)=(1-\phi)v[1+1/(1-\varphi)]-\varphi/(1-\varphi)>0$，则：

$$\frac{\partial^2 E(\Pi_m)}{\partial Q^2}=-\left[2(1-\phi)v-\varphi\frac{[1-(1-\phi)v]}{(1-\varphi)}\right]\frac{\alpha_2^2[1-(1-\phi)v]}{(1-\varphi)K_f}\{f(Q)\min(Q,D)-[\overline{F}(Q)]^2\}$$

$$-(1-\phi)\alpha_1 v\overline{F}(Q)-\alpha_1(1-\phi)v\overline{F}(Q)-[(1-\phi)v(p_0-\alpha_1 Q)+(1-v)w]f(Q)$$

$$=-\left[2(1-\phi)v-\varphi\frac{[1-(1-\phi)v]}{(1-\varphi)}\right]\frac{\alpha_2^2[1-(1-\phi)v]}{(1-\varphi)K_f}\{f(Q)\min(Q,D)-[\overline{F}(Q)]^2\}$$

$$-2(1-\phi)\alpha_1 v\overline{F}(Q)-[(1-\phi)v(p_0-\alpha_1 Q)+(1-v)w]f(Q)$$

$$<0$$

服务商的期望利润函数 $E(\Pi_m)$ 分别对 p_r 与 Q 求二阶导和混合偏导，如下：

$$\frac{\partial^2 E(\Pi_m)}{\partial p_r^2}=-2\tau\beta_1-\left[\tau+\frac{\tau-\varphi}{1-\varphi}\right]\frac{(\tau-1)\beta_2^2}{(1-\varphi)K_b}$$

$$\frac{\partial^2 E(\Pi_m)}{\partial Q\partial p_r}=\frac{\partial^2 E(\Pi_m)}{\partial Q\partial p_r}=-\tau\theta e^{\frac{\varphi}{2}}$$

$$\frac{\partial^2 E(\Pi_m)}{\partial Q^2}=-\left[2(1-\phi)v-\varphi\frac{[1-(1-\phi)v]}{(1-\varphi)}\right]\frac{\alpha_2^2[1-(1-\phi)v]}{(1-\varphi)K_f}\{f(Q)\min$$

$$(Q,D)-[\overline{F}(Q)]^2\}-2(1-\phi)\alpha_1 v\overline{F}(Q)-[(1-\phi)v(p_0$$

$$-\alpha_1 Q)+(1-v)w]f(Q)$$

令 $\omega=\left[2(1-\phi)v-\varphi\frac{[1-(1-\phi)v]}{(1-\varphi)}\right]\frac{\alpha_2^2[1-(1-\phi)v]}{(1-\varphi)K_f}>0$，服务商的期望利润函数 $E(\Pi_r)$ 的二阶海塞矩阵表示为：

$$\begin{bmatrix}\dfrac{\partial^2 E(\Pi_m)}{\partial p_r^2} & \dfrac{\partial^2 E(\Pi_m)}{\partial Q\partial p_r}\\ \dfrac{\partial^2 E(\Pi_m)}{\partial Q\partial p_r} & \dfrac{\partial^2 E(\Pi_m)}{\partial Q^2}\end{bmatrix}$$

$$=\begin{bmatrix}-2\tau\beta_1-\left[\tau+\dfrac{\tau-\varphi}{1-\varphi}\right]\dfrac{(\tau-1)\beta_2^2}{(1-\varphi)K_b} & -\tau\theta e^{\frac{\varphi}{2}}\\ -\tau\theta e^{\frac{\varphi}{2}} & -\begin{bmatrix}2(1-\phi)v\\ -\varphi\dfrac{[1-(1-\phi)v]}{(1-\varphi)}\end{bmatrix}\dfrac{\alpha_2^2[1-(1-\phi)v]}{(1-\varphi)K_f}\begin{bmatrix}f(Q)\min(Q,D)\\ -[\overline{F}(Q)]^2\end{bmatrix}\\ & -2(1-\phi)\alpha_1 v\overline{F}(Q)-[(1-\phi)v(p_0-\alpha_1 Q)+(1-v)w]f(Q)\end{bmatrix}$$

二阶海赛矩阵所对应的一阶主子式为：

$$\frac{\partial^2 E(\Pi_m)}{\partial p_r^2} = -2\tau\beta_1 - \left(\tau + \frac{\tau-\varphi}{1-\varphi}\right)\frac{(\tau-1)\beta_2^2}{(1-\varphi)K_b} < 0$$

二阶海赛矩阵所对应的二阶主子式为：

$$\begin{vmatrix} -2\tau\beta_1 - \left(\tau + \frac{\tau-\varphi}{1-\varphi}\right)\frac{(\tau-1)\beta_2^2}{(1-\varphi)K_b} & -\tau\theta e^{\frac{\varphi}{2}} \\ -\tau\theta e^{\frac{\varphi}{2}} & -\begin{bmatrix} 2(1-\phi)\upsilon \\ -\varphi\frac{[1-(1-\phi)\upsilon]}{(1-\varphi)} \\ +2(1-\phi)\alpha_1\upsilon\overline{F}(Q) + [(1-\phi)\upsilon(p_0-\alpha_1 Q)+(1-\upsilon)w]f(Q) \end{bmatrix}\frac{\alpha_2^2[1-(1-\phi)\upsilon]}{(1-\varphi)K_f}\begin{bmatrix} f(Q)\min(Q,D) \\ -[\overline{F}(Q)]^2 \end{bmatrix} \end{vmatrix}$$

$$=\begin{bmatrix} 2(1-\phi)\upsilon \\ -\varphi\frac{[1-(1-\phi)\upsilon]}{(1-\varphi)} \\ +2(1-\phi)\alpha_1\upsilon\overline{F}(Q)+[(1-\phi)\upsilon(p_0-\alpha_1 Q)+(1-\upsilon)w]f(Q) \end{bmatrix}\frac{\alpha_2^2[1-(1-\phi)\upsilon]}{(1-\varphi)K_f}\begin{bmatrix} f(Q)\min(Q,D) \\ -[\overline{F}(Q)]^2 \end{bmatrix}\begin{bmatrix} 2\tau\beta_1 \\ +\left(\tau+\frac{\tau-\varphi}{1-\varphi}\right)\frac{(\tau-1)\beta_2^2}{(1-\varphi)K_b} \end{bmatrix} - (\tau\theta e^{\frac{\varphi}{2}})^2$$

由于当 $f(Q)\min(Q,D) - [\overline{F}(Q)]^2 > \theta^2\tau e/(2\beta_1 w)$ 时，可得：

$$=\begin{bmatrix} 2(1-\phi)\upsilon \\ -\varphi\frac{[1-(1-\phi)\upsilon]}{(1-\varphi)} \\ +2(1-\phi)\alpha_1\upsilon\overline{F}(Q)+[(1-\phi)\upsilon(p_0-\alpha_1 Q)+(1-\upsilon)w]f(Q) \end{bmatrix}\frac{\alpha_2^2[1-(1-\phi)\upsilon]}{(1-\varphi)K_f}\begin{bmatrix} f(Q)\min(Q,D) \\ -[\overline{F}(Q)]^2 \end{bmatrix}\begin{bmatrix} 2\tau\beta_1 \\ +\left(\tau+\frac{\tau-\varphi}{1-\varphi}\right)\frac{(\tau-1)\beta_2^2}{(1-\varphi)K_b} \end{bmatrix} - (\tau\theta e^{\frac{\varphi}{2}})^2$$

$$> \omega\{f(Q)\min(Q,D) - [\overline{F}(Q)]^2\}\left[2\tau\beta_1 + \left(\tau + \frac{\tau-\varphi}{1-\varphi}\right)\frac{(\tau-1)\beta_2^2}{(1-\varphi)K_b}\right] - (\tau\theta e^{\frac{\varphi}{2}})^2$$

$$> 2\tau\beta_1\omega\{f(Q)\min(Q,D) - [\overline{F}(Q)]^2\} - (\tau\theta)^2 e$$

$$> 0$$

因此，$E(\Pi_m)$ 是关于产品销售量 Q 和回收价格 p_r 的联合凹函数。

定理 4.2 得证。

四、解的性质分析

由模型性质的求解过程可知，在一定条件约束下，生产商与服务商的期望利润达到最大值时，正向渠道服务水平 L_r、逆向渠道服务水平 L_b、产品销售量 Q 和回收价格 p_r 存在最优解：

$$\begin{cases} Q^* = G^{-1}\left[\dfrac{\delta\theta e^{\frac{\varphi}{2}}-c_m}{1-\phi}-\dfrac{\tau\theta e^{\frac{\varphi}{2}}}{1-\phi}\dfrac{(-\tau\theta e^{\frac{\varphi}{2}}Q+\delta\beta_1)(1-\varphi)^2K_b+(1-\varphi)\delta(\tau-1)\beta_2^2}{2\beta_1\tau(1-\varphi)^2K_b+(2\tau-\varphi\tau-\varphi)(\tau-1)\beta_2^2}\right] \\ p_r^* = \dfrac{(-\tau\theta e^{\frac{\varphi}{2}}Q+\delta\beta_1)(1-\varphi)^2K_b+(1-\varphi)\delta(\tau-1)\beta_2^2}{2\beta_1\tau(1-\varphi)^2K_b+(2\tau-\varphi\tau-\varphi)(\tau-1)\beta_2^2} \\ L_f^* = \dfrac{\alpha_2[1-(1-\phi)\upsilon]\min(Q^*,D)}{(1-\varphi)K_f} \\ L_b^* = \dfrac{\beta_2(\tau-1)p_r^*}{(1-\varphi)K_b} \end{cases}$$

性质 4.1 正向渠道服务最优水平不受定价决策影响,但会随着销售收益分成比例、渠道投资分担比例的增加而增加,且与生产商投放市场的线下销售比例呈现正相关关系。

证明:

基于式(4.3),正向渠道服务水平对渠道成本分担比例 φ、销售收入分成 ϕ 两侧求导:

$$\dfrac{\partial L_f}{\partial \varphi} = \dfrac{\alpha_2[1-(1-\phi)\upsilon]}{K_f}\left[\dfrac{(1-\varphi)\overline{F}(Q)\dfrac{\partial Q}{\partial \varphi}+\min(Q,D)}{(1-\varphi)^2}\right]$$

当 $(1-\varphi)\upsilon > \dfrac{1+\varphi}{3-\varphi}$ 时,则可得:$\dfrac{\partial Q}{\partial \varphi}>0, \dfrac{\partial L_f}{\partial \varphi}>0$。

$$\dfrac{\partial L_f}{\partial \phi} = \dfrac{\alpha_2}{(1-\varphi)K_f}\left[[1-(1-\varphi)\upsilon]\overline{F}(Q)\dfrac{\partial Q}{\partial \phi}+\upsilon\min(Q,D)\right]$$

当 $(1-\phi)\upsilon > \dfrac{1+\varphi}{3-\varphi}$ 时,则可得:$\dfrac{\partial Q}{\partial \phi}>0, \dfrac{\partial L_f}{\partial \phi}>0$。

性质 4.1 得证。

推论 4.1 生产商考虑对销售收益分成的情景下,正向渠道服务最优水平会提高 $\phi\upsilon\min(Q,D)/[(1-\varphi)K_f]$。基于销售收益分成的正向激励作用,服务商更有动力提高正向渠道服务最优水平,进而促进线下渠道的产品销售。

推论 4.2 生产商如果采用线上单一渠道销售,正向渠道负责对所有线上销售的产品提供售后服务,正向渠道服务最优水平为 $\alpha_2\phi\min(Q,D)/[(1-\varphi)K_f]$。

采用线上线下双渠道销售时，正向渠道服务最优水平将提高 $\alpha_2(1-\phi)(1-\upsilon)\min(Q,D)/(1-\varphi)K_f$；若全部转向线下销售模式，线下正向渠道为所有产品提供销售与售后服务，其正向渠道服务水平将提高 $\alpha_2(1-\upsilon)\phi\min(Q,D)/(1-\varphi)K_f$。线下销售比线上销售更能激发服务商正向渠道服务的提升。

推论 4.3 在同样的销售收益分成与渠道成本分担比例下，生产商投放市场的产品越多，服务商能够获得的收益越高，为了保持线下销售量，服务商愿意提升正向渠道的服务水平。

性质 4.2 逆向渠道服务最优水平都会随着回收定价、生产商对渠道投资分担比例、回收转移支付率的增加而提高。生产商对渠道投资分担比例、回收转移支付率越高，服务商越有意愿提升逆向渠道服务。

证明：

基于式(4.4)，回收转移支付率 τ、生产商对渠道投资分担比例 φ 分别两侧求导：

$\partial L_b^n/\partial \varphi = \beta_2(\tau-1)/[(1-\varphi)^2 K_b] > 0$ 且 $\partial L_b^n/\partial \tau = \beta_2/[(1-\varphi)K_b] > 0$。

性质 4.2 得证。

推论 4.4 生产商如果按照服务商的回收价格回收旧件，服务商不愿意提供逆向渠道服务。

性质 4.3 生产商线上销售份额满足 $\upsilon > \varphi/(1-\phi)(2-\varphi)$ 的条件下，生产商投放市场的产品数量随着销售收益分成比例的增加而减少，即 $\partial Q/\partial \phi < 0$ 成立。生产商给予服务商的销售收益分成比例越高，生产商享有的销售收益分成越少，生产商越缺乏动力去投放更多的产品进入市场。

证明：

基于式(4.5)，最优产品销售量 Q^n 对收益分成比例 ϕ 两侧求导：

$$\begin{bmatrix} \alpha_1 v \dfrac{\partial \min(Q,D)}{\partial Q} \dfrac{\partial Q}{\partial \phi} - \left[-\alpha_1 v \dfrac{\partial Q}{\partial \phi} + \dfrac{1}{(1-\phi)^2}(1-v)w \right] \overline{F}(Q) \\ - \left[v(p_0 - \alpha_1 Q) + \dfrac{1}{1-\phi}(1-v)w \right] \dfrac{\partial \overline{F}(Q)}{\partial Q} \dfrac{\partial Q}{\partial \phi} \\ + \varphi \dfrac{v(1-\phi) + [1-(1-\phi)v]}{(1-\phi)^3} \dfrac{\alpha_2^2 [1-(1-\phi)v]}{(1-\varphi)K_f} \overline{F}(Q)\min(Q,D) \\ - \left[2v - \varphi \dfrac{[1-(1-\phi)v]}{(1-\phi)(1-\varphi)} \right] \dfrac{\alpha_2^2 v}{(1-\varphi)K_f} \overline{F}(Q)\min(Q,D) \\ - \left[2v - \varphi \dfrac{[1-(1-\phi)v]}{(1-\phi)(1-\varphi)} \right] \dfrac{\alpha_2^2 [1-(1-\phi)v]}{(1-\varphi)K_f} \\ \left[\dfrac{\partial \overline{F}(Q)}{\partial Q}\min(Q,D) + \overline{F}(Q) \dfrac{\partial \min(Q,D)}{\partial Q} \right] \dfrac{\partial Q}{\partial \phi} \end{bmatrix}$$

$$= \theta e^{\frac{\varphi}{2}} \begin{bmatrix} \dfrac{1}{(1-\phi)} \left[\dfrac{\tau^2 \theta e^{\frac{\varphi}{2}}(1-\varphi)^2 K_b \dfrac{\partial Q}{\partial \phi}}{2\beta_1 \tau (1-\varphi)^2 K_b + (2\tau - \varphi\tau - \varphi)(\tau-1)\beta_2^2} \right] \\ + \dfrac{1}{(1-\phi)^2} \left[\delta - \tau \dfrac{\begin{bmatrix} (-\tau \theta e^{\frac{\varphi}{2}} Q + \delta \beta_1)(1-\varphi)^2 K_b \\ + (1-\varphi)\delta(\tau-1)\beta_2^2 \end{bmatrix}}{\begin{bmatrix} 2\beta_1 \tau (1-\varphi)^2 K_b \\ + (2\tau - \varphi\tau - \varphi)(\tau-1)\beta_2^2 \end{bmatrix}} \right] \end{bmatrix} - \dfrac{c_m}{(1-\phi)^2}$$

其中,$R = 2\beta_1 \tau (1-\varphi)^2 K_b + (2\tau - \varphi\tau - \varphi)(\tau-1)\beta_2^2$,$K = (1-\varphi)K_b$

$$\begin{bmatrix} 2\alpha_1 v(1-\phi)^2 \overline{F}(Q) \dfrac{\partial Q}{\partial \phi} - (1-v)w\overline{F}(Q) \\ + [v(p_0 - \alpha_1 Q)(1-\phi)^2 + (1-\phi)(1-v)w]f(Q)\dfrac{\partial Q}{\partial \phi} \\ + \left[1 + v(1-\phi) \dfrac{\varphi[1-(1-\phi)v]}{(1-\varphi)} - 2v^2(1-\phi)^2 \right] \dfrac{\alpha_2^2}{(1-\varphi)K_f} \overline{F}(Q)\min(Q,D) \\ + \left[2v(1-\phi)^2 - \varphi \dfrac{[1-(1-\phi)v]}{(1-\varphi)}(1-\phi) \right] \dfrac{\alpha_2^2 [1-(1-\phi)v]}{(1-\varphi)K_f} \\ \{f(Q)\min(Q,D) - [\overline{F}(Q)]^2\} \dfrac{\partial Q}{\partial \phi} \end{bmatrix}$$

$$=\frac{K}{R}(\tau\theta e^{\frac{\varphi}{2}})^2(1-\varphi)(1-\phi)\frac{\partial Q}{\partial \phi}+\theta e^{\frac{\varphi}{2}}\left\{\delta-\frac{\tau}{R}\begin{bmatrix}(-\tau\theta e^{\frac{\varphi}{2}}Q+\delta\beta_1)K\\+\delta(\tau-1)\beta_2^2\end{bmatrix}(1-\varphi)\right\}-c_m$$

约减，可得：

$$\frac{\partial Q}{\partial \phi}=\frac{\begin{bmatrix}\theta e^{\frac{\varphi}{2}}\left[\delta-\frac{\tau}{R}\left[(-\tau\theta e^{\frac{\varphi}{2}}Q+\delta\beta_1)K+\delta(\tau-1)\beta_2^2\right](1-\varphi)\right]-c_m\\+(1-\upsilon)w\overline{F}(Q)+\left[2\upsilon^2(1-\phi)^2-\frac{\varphi[1-(1-\phi)^2\upsilon^2]}{(1-\varphi)}\right]\frac{a_2^2\overline{F}(Q)\min(Q,D)}{(1-\varphi)K_f}\end{bmatrix}}{\begin{bmatrix}2\alpha_1\upsilon(1-\phi)^2\overline{F}(Q)+[\upsilon(p_0-\alpha_1Q)(1-\phi)^2+(1-\phi)(1-\upsilon)w]f(Q)\\+\left[2\upsilon(1-\phi)^2-\varphi\frac{[1-(1-\phi)\upsilon]}{(1-\varphi)}(1-\phi)\right]\frac{a_2^2[1-(1-\phi)\upsilon]}{(1-\varphi)K_f}\\\{f(Q)\min(Q,D)-[\overline{F}(Q)]^2\}-\frac{K}{R}(\tau\theta e^{\frac{\varphi}{2}})2(1-\varphi)(1-\phi)\end{bmatrix}}$$

依据定理 4.2，满足 $(1-\phi)\upsilon>\frac{\varphi}{2-\varphi}$ 且 $f(Q)\min(Q,D)-[\overline{F}(Q)]^2>\frac{\theta^2\tau e}{2\beta_1\omega}$ 时，存在最优的 Q^n。因此，$f(Q)\min(Q,D)-[\overline{F}(Q)]^2>0$。

满足 $(1-\phi)\upsilon>\frac{\varphi}{2-\varphi}$，则：$2\upsilon-\varphi\frac{[1-(1-\phi)\upsilon]}{(1-\phi)(1-\varphi)}>0$。

满足 $(1-\phi)^2\upsilon^2<\frac{\varphi}{2-\varphi}$，则：$2\upsilon^2-\frac{\varphi[1-(1-\phi)^2\upsilon^2]}{(1-\varphi)(1-\phi)^2}<0$。

令 $H(Q)=(\delta-\tau p_r)(\theta e^{\frac{\varphi}{2}}Q+\beta_1 p_r+\beta_2 L_b)-c_m Q+(1-\upsilon)w\min(Q,D)$，表示生产商制造、再制造的总成本与线下销售收入之和，随着 Q 的增加而增加，即关于 Q 单调递增，满足：$\frac{\partial H(Q)}{\partial Q}=(\delta-\tau p_r)\theta e^{\frac{\varphi}{2}}-c_m+(1-\upsilon)w\overline{F}(Q)>0$。

因此，当 $(1-\phi)\upsilon>\frac{\varphi}{2-\varphi}>(1-\phi)^2\upsilon^2$ 时，满足 $\frac{\partial Q}{\partial \phi}<0$。

性质 4.3 得证。

第三节 绿色发展理念下的闭环供应链分级协同模型

分级回收情形下，生产商与服务商作为线上和线下两个独立的个体，采取收益共享和成本分担模式,生产商作为斯坦伯格博弈的主导方制定回收分级策略,旧件回收率受回收价格、生产商对渠道投资分担比例以及逆向渠道服务水平等因素的影响,线下服务商投入逆向渠道服务努力进行分级回收,生产商对分级回收的旧品给予服务商一定的转移支付和渠道成本分担,从而激励线下服务商进行旧品回收。

一、考虑分级协同模型

生产商制定分级回收策略,根据文献(Borovkova et al.,2009),本书假设分级回收价格满足指数函数形式 $B_k=B_0 e^k$,其中 B_k 表示服务商对应第 k 级旧件的回收价格参数。生产商再以 τB_k 的分级回收价格从服务商处回收旧件,不同等级旧件再制造成本约存在差异,第 k 级旧件再制造成本的单位节约为 δ_k。

接下来,考虑分级回收情境下的旧件质量与回收价格的关系。越高的回收价格,越能够回收到越高质量的旧件。回收价格与回收质量近似服从线性关系 $\rho_k=a+bB_k$ (Bronnenberg et al.,1996)。不同质量的旧件再制造成本也存在差异依据文献(Zeng Xianke et al.,2015),再制造成本节约可表示为:$\delta_k=\delta(\rho_k-\rho_0), \delta>1$。

分级回收数量受分级回收价格影响,其旧件回收总收益为 $\int_0^M (\tau-1)B_k(\theta e^{\frac{\varphi}{2}}Q+\beta_1 B_k+\beta_2 L_b)f(k)dk$。

构建回收分级协同下的双渠道闭环供应链,从"收益共享-成本共担"的角度考虑目标函数如下:

$$E(\Pi_m)=(1-\phi)pv\min(Q,D)+w(1-v)\min(Q,D)$$
$$+\int_0^M (\delta_k-\tau B_k)(\theta e^{\frac{\varphi}{2}}Q+\beta_1 B_k+\beta_2 L_b)f(k)dk$$
$$-cQ-\frac{1}{2}\varphi(K_f L_f^2+K_b L_b^2) \qquad (4.7)$$

s.t. $\max E(\Pi_r)=\phi pv\min(Q,D)+(p-w-c_r)(1-v)\min(Q,D)$
$$+\int_0^M (\tau-1)B_k(\theta e^{\frac{\varphi}{2}}Q+\beta_1 B_k+\beta_2 L_b)f(k)dk$$
$$-\frac{1}{2}(1-\varphi)(K_f L_f^2+K_b L_b^2) \qquad (4.8)$$

生产商依据以往销售经验以及对市场的预测制定产品销售和回收分级决

策,服务商观测到生产商的决策后对正向渠道和逆向渠道的服务水平做出调整,双方协调优化实现利润最大化。

依据逆向归纳法求解:

$$\frac{\partial E(\Pi_r)}{\partial L_f} = \alpha_2[1-(1-\phi)\upsilon]\min(Q,D) - (1-\varphi)K_f L_f = 0$$

$$\frac{\partial E(\Pi_r)}{\partial L_b} = \int_0^m (\tau-1)B_0 e^k \beta_2 f(k)dk - (1-\varphi)K_b L_b = 0$$

根据线下的期望利润 $E(\Pi_r)$,令 $\partial E(\Pi_r)/\partial L_f = 0$,$\partial E(\Pi_r)/\partial L_b = 0$,可得目标函数的解,如下:

$$L_f^m = \frac{\alpha_2[1-(1-\phi)\upsilon]\min(Q,D)}{(1-\varphi)K_f} \tag{4.9}$$

$$L_b^m = \frac{\int_0^M (\tau-1)B_0 e^k \beta_2 f(k)dk}{(1-\varphi)K_b} \tag{4.10}$$

将 L_f^m、L_b^m 的表达式(4.9)、式(4.10)分别代入生产商的期望利润函数 $E(\Pi_m)$,代入后的 $E(\Pi_m)$ 分别对 Q 和 M 求一阶偏导,即:$\partial E(\Pi_m)/\partial Q = 0$,$\partial E(\Pi_m)/\partial M = 0$。

令:

$$\begin{cases} H(Q) = -\int_0^M [\delta b(e^k-1) - \tau e^k]\theta e^{\frac{\varphi}{2}} B_0 f(k)dk + c \\ \Gamma(m) = e^M \begin{bmatrix} (\theta e^{\frac{\varphi}{2}} Q + \beta_2 L_b) + \beta_1 B_0 e^M - \dfrac{\delta b \beta_1 B_0}{\delta b - \tau} \\ -\dfrac{\varphi}{(1-\varphi)^2 K_b} \dfrac{[(\tau-1)\beta_2]^2 B_0}{\delta b - \tau} \int_0^M e^k f(k)dk \end{bmatrix} \end{cases}$$

由此,得出双渠道分级回收决策模型目标函数下最优产品销售量 Q 和最优回收价格 M 为:

$$Q^m = H^{-1}\left[-\int_0^M [\delta b(e^k-1) - \tau e^k]\theta e^{\frac{\varphi}{2}} B_0 f(k)dk + c\right] \tag{4.11}$$

$$M^m = \Gamma^{-1}\left[\frac{\delta b(\theta e^{\frac{\varphi}{2}} Q + \beta_2 L_b)}{\delta b - \tau}\right] \tag{4.12}$$

二、模型性质分析

回收分级情形下,基于服务商的期望利润函数 $E(\Pi_r)$,关于 L_f 与 L_b 求二阶导和混合偏导,得出定理4.3。

定理4.3 回收分级情形下,线下服务商的期望利润$E(\Pi_r)$是关于正向渠道服务水平L_f、逆向渠道服务水平L_b的联合凹函数,且存在最优的L_f^m以及L_b^m使得线下的期望利润$E(\Pi_r)$最大。

定理4.3表明,回收分级情形下对于线下服务商来说,存在最优的正/逆向渠道服务投入努力,使得其期望利润最优。

考虑分级回收,针对生产商的期望利润函数$E(\Pi_m)$,分别对M与Q求二阶导和混合偏导,可得:一阶主子式为小于零,且二阶主子式大于零。因此,$E(\Pi_m)$是关于产品销售量Q和回收价格M的联合凹函数,得出定理4.4。

定理4.4 线上生产商期望利润$E(\Pi_m)$是关于产品销售量Q及回收价格M联合凹函数,存在最优的Q^m及M^m使得线上生产商的期望利润$E(\Pi_m)$最大。

定理4.4表明,回收分级情形下,线上生产商的期望利润存在关于产品销售量和回收分级数的最优值。

三、最优解的性质分析

性质4.4 无论是否分级,正向渠道服务最优水平不受定价决策影响,但会随着销售收益分成比例、渠道投资分担比例的增加而增加,且与生产商投放市场的产品数量、线下销售比例呈现正相关关系。

性质4.5 逆向渠道服务最优水平都会随着回收定价、生产商对渠道投资分担比例、回收转移支付率的增加而提高。生产商对渠道投资分担比例、回收转移支付率越高,服务商越有意愿提升逆向渠道服务。回收分级时,$\partial L_b^m/\partial \varphi > 0$且$\partial L_b^m/\partial \tau > 0$。

证明:

$$\partial L_b^m/\partial \varphi = \beta_2(\tau-1)B_0\int_0^M e^k f(k)dk/[(1-\varphi)^2 K_b] > 0。$$

$$\partial L_b^m/\partial \tau = \beta_2 B_0\int_0^M e^k f(k)dk/[(1-\varphi)K_b] > 0。$$

推论4.5 回收分级情形下,渠道投资分担比例对逆向渠道服务水平的影响更为显著。

这种影响力的变化$\Delta(\partial L_b/\partial \varphi) = \beta_2(\tau-1)[B_0\int_0^M e^k f(k)dk - 1]/[(1-\varphi)^2 K_b]$为正,且随着分级数的增加愈加明显。

推论4.6 生产商如果按照服务商的回收价格回收旧件,无论是否分级,服务商都不愿意提供逆向渠道服务。

性质4.6 统一回收情形下,生产商线上销售份额满足$\upsilon > \varphi/(1-\phi)(2-\varphi)$的条件下,生产商投放市场的产品数量随着销售收益分成比例的增加而减少,即$\partial Q/\partial \phi < 0$成立。分级回收情形下的约束条件更为严格,线上销售份额更高的情况下,才能满足销售量与分成比例的负相关关系。生产商给予服务商的销售收益分成比例越高,生产商享有的销售收益分成越少,生产商越缺乏动力去投放更多的产品进入市场。

性质4.7 分级回收情形下,当单位回收收益超过$[\varphi(\tau-1)/(1-\varphi)+\tau]e^M$时,基础回收价格越低,最优的回收分级数越多。

针对分级回收定价,随着分级数的增加,再制造成本节约增加的同时,回收成本也在攀升。当满足$\delta_M - \tau B_M > \varphi(\tau-1)/(1-\varphi)e^M$时,$\partial M/\partial B_0 < 0$,回收成本增加的作用显著,分级数的增加会受到约束。

性质4.8 分级回收情形下,最优回收分级数越多,逆向渠道服务水平越高。

回收分级情形下,$\partial L_b^n/\partial M = (\tau-1)B_0\beta_2 e^M f(M)/[(1-\varphi)K_b] > 0$。随着最优的分级数的增加,服务商需要对应不同级别回收旧件改进逆向渠道服务,并为之付出更多的努力。

第四节 模型数值算例分析

通过调研赶集网和58同城网,网站销售的二手商品最多的品类是数码产品和办公用品,因此本节算例选取了办公用品中回收比例较高的打印机。同时从天猫、京东、亚马逊等电商网站上的打印机销售数据来看,惠普打印机的销量一直占据第一。本章采用京东商城以及惠普官方网上直营商城的大众性家用打印机型号的平均售价,设计本算例中打印机商品的基础零售价格为1 500元。从打印机行业内部的调研访谈得知,打印机的利润空间在10%～20%,因此,本算例设定打印机批发价格为1 200元,制造成本为1 000元。从赶集网二手交易平台的打印机二手信息发布情况来看,一般家用打印机的二手发布价格为100元

~1 000 元不等,但具体交易价格不详。因此本算例拟定线下回收价格为 500 元;而回收品的回收价格和再制造的成本不能超过新品制造成本,所以再制造成本设定为 150 元。

通过上述调研分析,本节算例参数取值如下:

$p_0=1\,500$ 元;$w=1\,200$ 元;$p_r=500$ 元;$Q=10\,000$ 台;$c=1\,000$ 元;$c_r=150$ 元。

一、基础模型的数值算例分析

(一)决策变量对利润函数的影响

1. 产品销售量、旧品回收价格对线上生产商利润的影响

如图 4.2 所示,对于线上生产商来说,其期望利润函数是关于产品销售量和旧品回收价格的联合凹函数。但从图中可以看到,生产商利润函数在产品销售量影响下的凹性更为明显;但随着旧品回收价格的增加,生产商的利润函数的极值点会随其增加而降低,且生产商利润函数在产品销售量影响下的凹性亦会随其增加而明显。

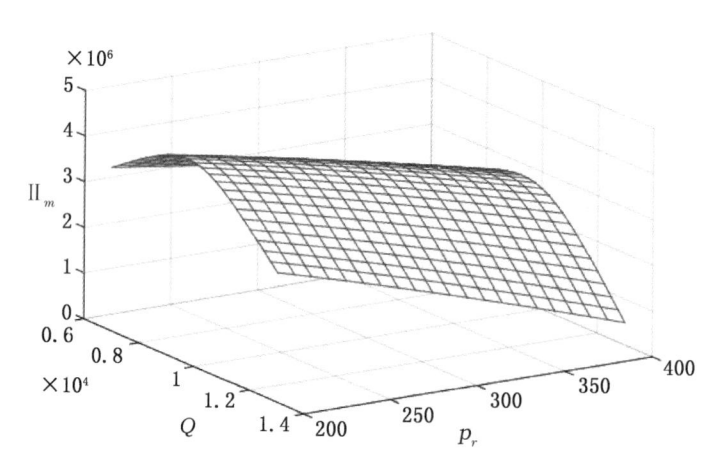

图 4.2 产品销售量、旧品回收价格对线上生产商利润的影响

2. 正向、逆向渠道服务努力投入对线下服务商利润的影响

如图 4.3 所示,对于线下服务商来说,其期望利润函数是关于正向渠道服务努力水平和逆向渠道服务努力水平的联合凹函数。从图中可以看到,服务商利润函数在正向渠道服务努力水平和逆向渠道服务努力水平影响下的凹性都表现显著。

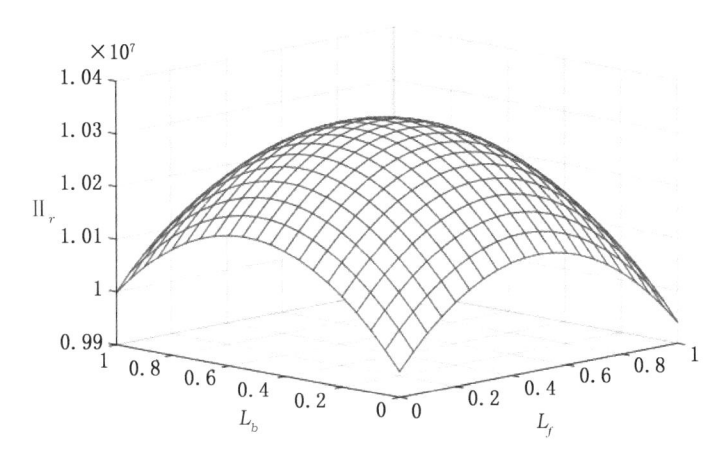

图 4.3　正/逆向渠道服务努力投入对线下服务商利润的影响

3. 产品销量、正向渠道服务努力投入对线上生产商利润的影响

如图 4.4 所示,对于线上生产商来说,其期望利润函数是关于产品销售量和正向渠道服务努力水平的联合凹函数。但从图中可以看到,生产商利润函数在产品销售量影响下的凹性更为明显;但随着产品销售量的增加,生产商的利润函数的极值点会随其增加呈现先增后减的趋势。

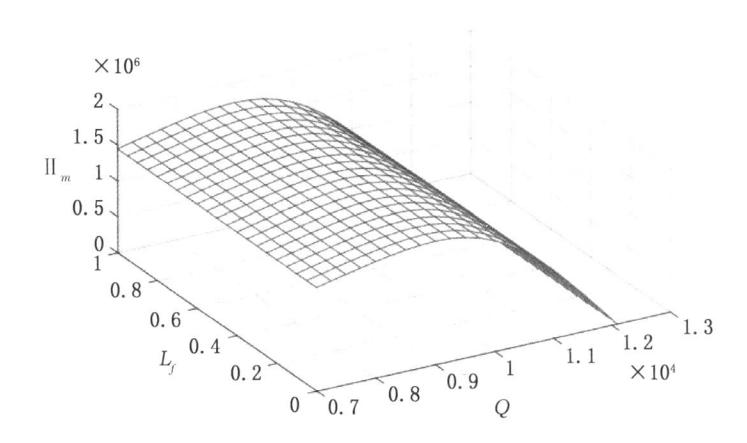

图 4.4　产品销售量、正向渠道服务努力投入对线上生产商利润的影响

4. 回收价格、逆向渠道服务努力投入对线下服务商利润的影响

如图 4.5 所示,对于线下服务商来说,其期望利润函数是关于旧品回收价格和逆向渠道服务努力水平的联合凹函数。但从图中可以看到,服务商利润函数

在逆向渠道服务努力水平影响下的凹性更为明显;但随着旧品回收价格的增加,生产商的利润函数的极值点会随其增加而增加。

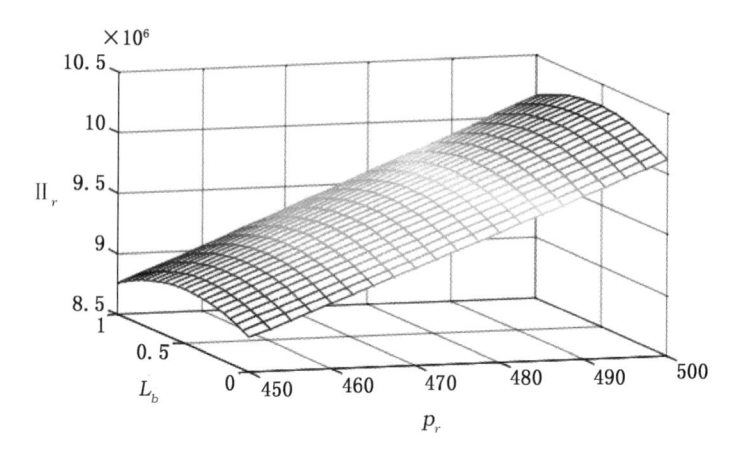

图 4.5　旧品回收价格、逆向渠道服务努力投入对线下服务商利润的影响

(二)收益分成/成本分担比例与决策变量

1. 收益分成比例与产品销量

从图 4.6 中可以看到,随着收益分成比例的增加,产品销售数量是递减的,且递减的速度越来越快。原因是产品销售收入的主要盈利者是生产商,但如果生产商将过多的收益分给线下服务商,那么其收益减少会削弱生产商的生产动力,从而导致销量的减少。值得注意的是,当收益分成比例大于 0.6 的时候,生产商的决策是不销售。

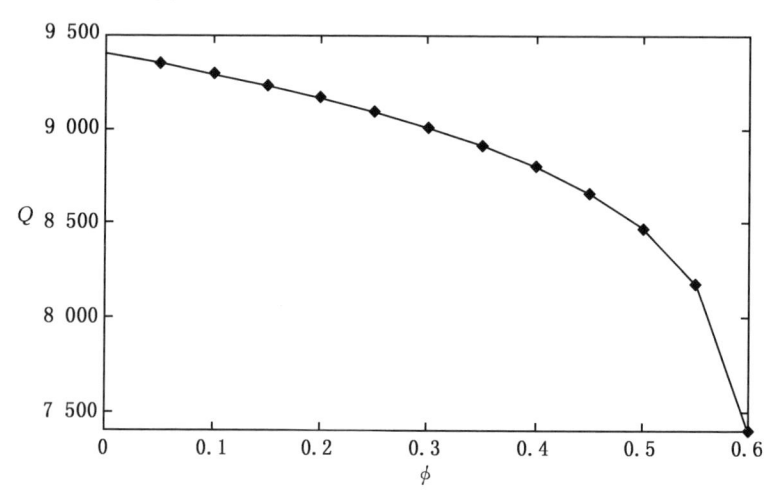

图 4.6　收益分成比例对产品销售量的影响

2. 成本分担比例与回收价格

从图 4.7 中可以看到,随着成本分担比例的增加,产品回收价格是递减的。原因是生产商对渠道成本投入的分担比例越高,服务商越有动力提升渠道服务努力水平,促进产品销售。而产品市场容量的扩大,使得回收价格得以降低。值得注意的是,随着成本分担比例的增加,回收价格下降的速度越来越明显,尤其是,当成本分担比例大于 0.8 时,回收价格会呈现快速的下降。

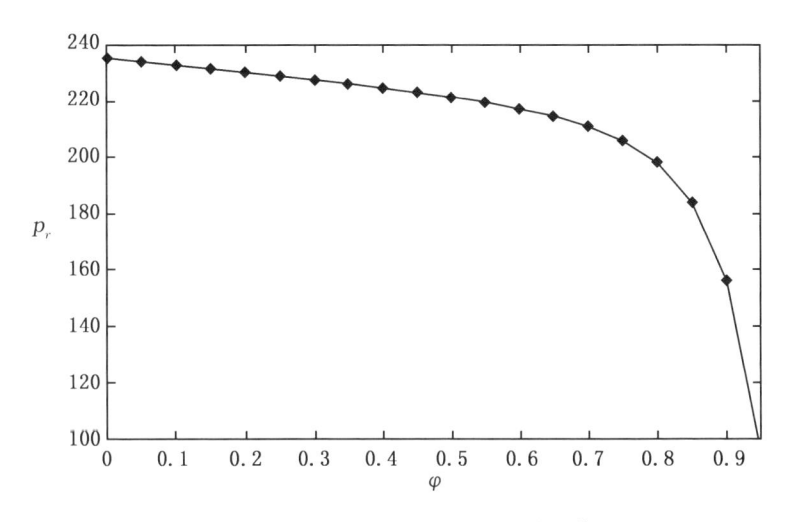

图 4.7 成本分担比例对旧品回收价格决策影响

3. 收益分成与正向渠道努力

从图 4.8 中可以看到,随着收益分成比例的增加,服务商的正向渠道服务努力水平是递增的。原因是产品销售收入的主要盈利者是生产商,服务商获取的销售收益分成越多,越有动力提升渠道服务努力水平。值得注意的是,当收益分成比例达到 0.72 时,服务商已经愿意付出最大的正向渠道服务努力水平。

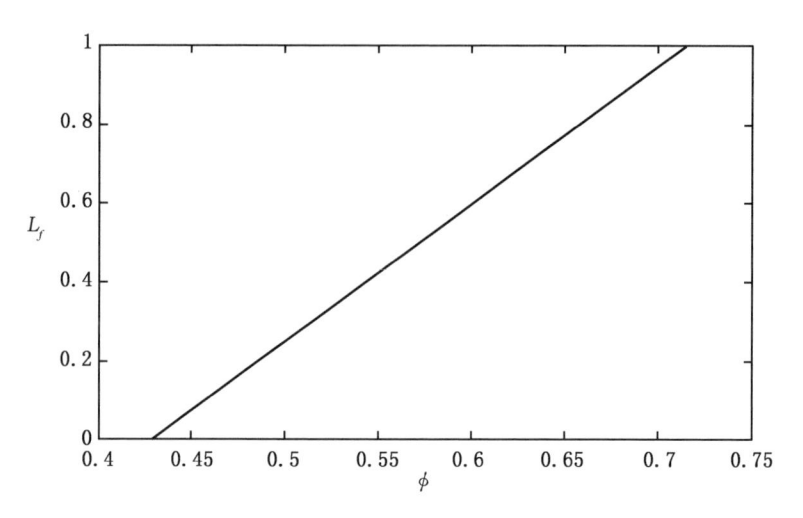

图 4.8　收益分成比例对正向渠道努力投入决策的影响

4. 成本分担与逆向渠道努力

从图 4.9 中可以看到,随着成本分担比例的增加,逆向渠道服务努力水平是递增的,且递增的速度在逐步放缓。原因是生产商对渠道投入成本的分担比例越高,服务商需要承担的逆向渠道成本投入就越少,其逆向渠道服务努力水平越高。值得注意的是,当生产商对渠道投入成本的分担比例不足 0.18 时,服务商没有动力去提供逆向渠道的服务努力。

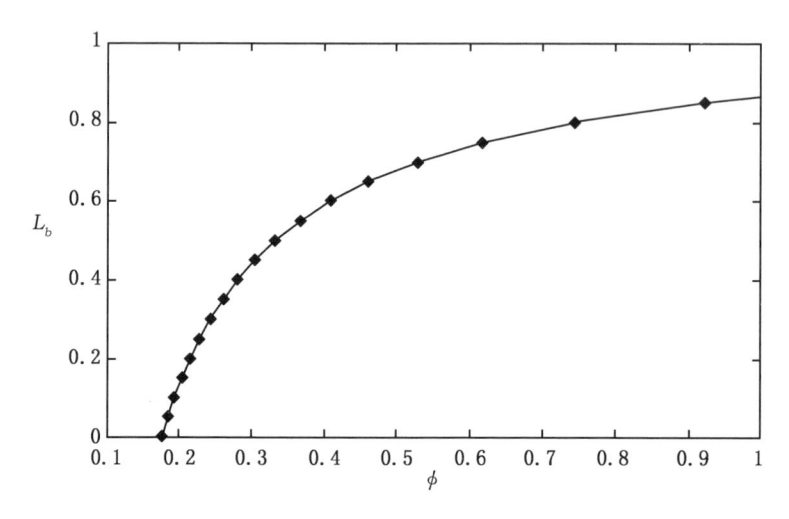

图 4.9　成本分担比例对逆向渠道努力投入决策的影响

(三)不同参数下的决策变量与利润函数

1. 不同收益分成比例下产品销量对生产商利润的影响

从图 4.10 中可以看到,随着生产商给予服务商收益分成比例的增加,生产商收益减少,且受其影响随着产品销量的增加,生产商的收益整体呈现下降趋势。当生产商给予服务商 30% 的收益分成时,随着产品销售量的增加,生产商收益出现先增后减的态势,存在最优的产品销售量。然而,随着分成比例的扩大,生产商倾向于减少产品销售。因此,最优产品销售量的存在是有条件的,受到生产商收益分成比例的约束,这对前面的结论给予验证。

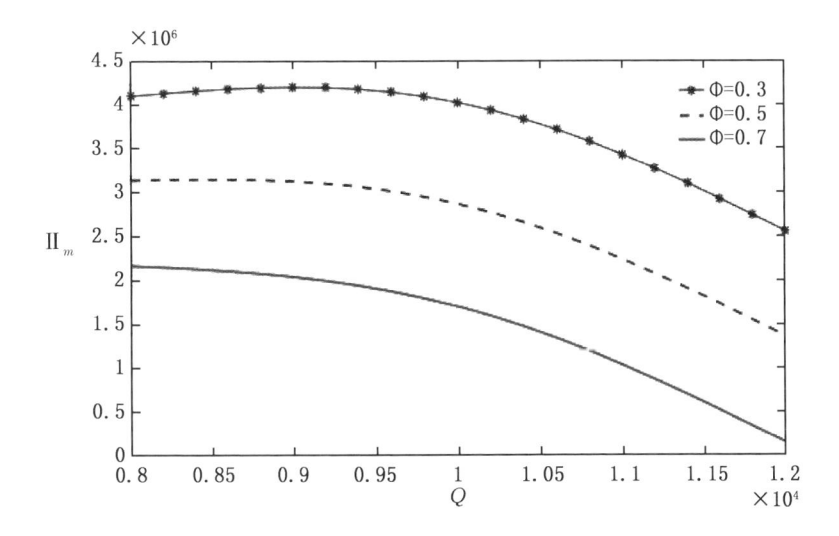

图 4.10　不同收益分成比例下产品销量对生产商利润的影响

2. 不同成本分担比例下回收定价对生产商利润的影响

从图 4.11 中可以看到,随着旧件回收价格的提高,生产商的收益呈现先增后减的态势,存在最优的回收价格使得生产商收益最大。观察成本分担比例的作用,分别取值 0.3,0.5,0.7,可以发现:回收价格对生产商收益的影响并未随着成本分担比例的变化而明显变化;随着生产商对渠道投入成本分担比例的增加,生产商收益会对回收价格的变动更为明显,当然这种影响程度并不显著。

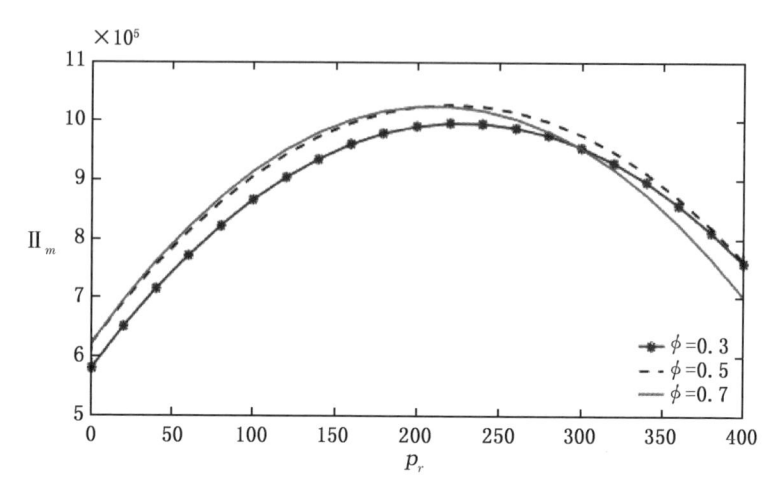

图 4.11 不同成本分担比例下回收定价对生产商利润的影响

3. 参数影响下的正向渠道服务努力对服务商利润影响

从图 4.12 中可以看到,首先,随着服务商正向渠道服务努力水平的提高,服务商收益并未显示显著变化;其次,随着生产商对收益分成/成本分担比例的增加,服务商收益会有显著提升;另外,随着生产商对收益分成/成本分担比例的增加,正向渠道服务努力水平增加对服务商收益正影响越来越明显。

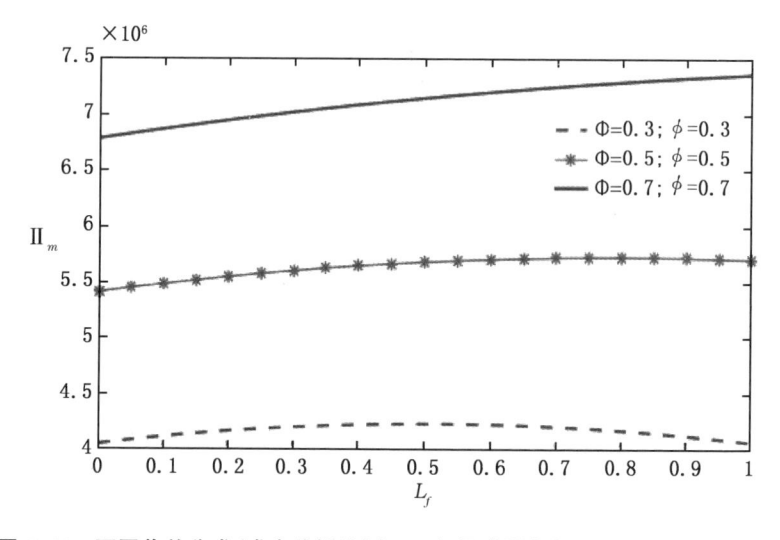

图 4.12 不同收益分成/成本分担比例下正向渠道服务努力对服务商利润影响

当生产商收益分成/成本分担比例都为 0.3 时,正向渠道服务努力水平增加,使得服务商收益先增后减;当生产商收益分成/成本分担比例都为 0.5 时,正向渠道服务努力水平增加,使得服务商收益缓慢增加;当生产商收益分成/成本分担比例都为 0.7 时,正向渠道服务努力水平增加,服务商收益呈现较为明显的增长态势。

4. 参数影响下的逆向渠道服务努力对服务商利润影响

从图 4.13 中可以看到,首先,随着服务商逆向渠道服务努力水平的提高,服务商收益并未显示显著变化;其次,随着生产商对收益分成/成本分担比例的增加,服务商收益会有显著提升;另外,随着生产商对收益分成/成本分担比例的增加,逆向渠道服务努力水平增加对服务商收益正影响越来越明显。

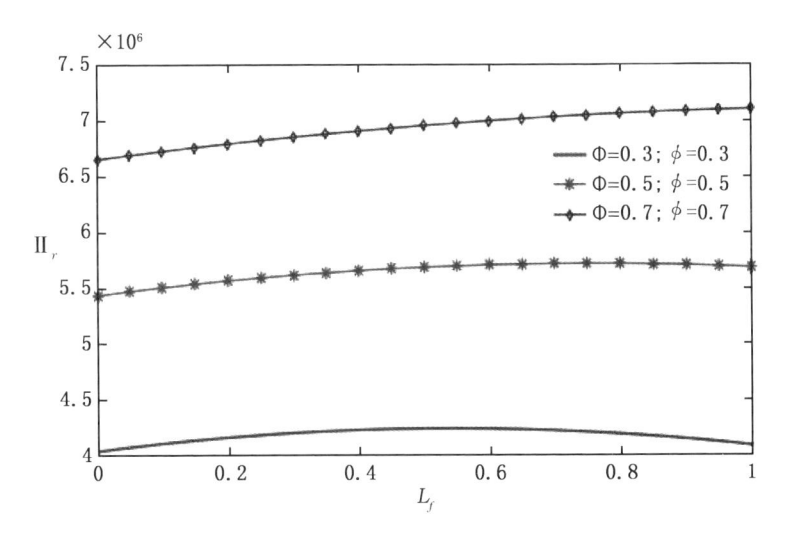

图 4.13 不同收益分成/成本分担比例下逆向渠道服务努力投入对服务商利润影响

当生产商收益分成/成本分担比例都为 0.3 时,逆向渠道服务努力水平增加,使得服务商收益先增后减;当生产商收益分成/成本分担比例都为 0.5 时,逆向渠道服务努力水平增加,使得服务商收益缓慢增加;当生产商收益分成/成本分担比例都为 0.7 时,逆向渠道服务努力水平增加,服务商收益呈现较为明显的增长态势。

5. 收益分成/成本分担下销售比例对服务商利润影响

从图 4.14 中可以看到,首先,随着线上产品销售比例的提高,服务商收益增加;其次,随着生产商对收益分成/成本分担比例的增加,服务商收益增加;另外,随着生产商对收益分成/成本分担比例的增加,线上产品销售比例的提高对服务商收益增加的影响越来越显著。

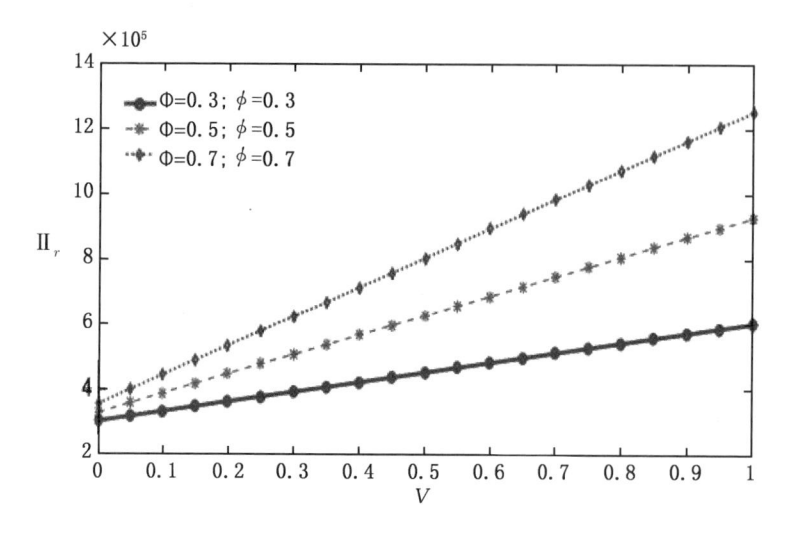

图 4.14　不同收益分成/成本分担比例下销售比例对服务商利润影响

二、分级协同模型的数值算例分析

在原有数据的基础上,考虑到分级回收协同,从赶集网二手交易平台的打印机二手信息发布情况来看,对于质量最差的打印机的回收价为 50 元,即 $B_0=50$。

(一)产品销量、旧品回收价格、回收分级数对线上产商利润的影响

如图 4.15(a)所示,对于线上生产商来说,其期望利润函数是关于产品销售量和旧品回收价格的联合凹函数。但从图中可以看到,生产商利润函数在产品销售量影响下的凹性更为明显;但随着旧品回收价格的增加,生产商的利润函数的极值点会随其增加而降低,且生产商利润函数在产品销售量影响下的凹性亦会随其增加而明显。

如图 4.15(b)所示,对于线上生产商来说,其期望利润函数是关于产品销售量和回收分级数的联合凹函数。从图中可以看到,生产商利润函数在回收分级数影响下的凹性更为明显;产品销售量对线上生产商期望利润函数的影响没有回收分级数的影响那么显著。并且对比统一回收时线下服务商期望利润函数,分级时候的线上生产商最优的期望利润明显大于统一回收时的情形。

(a)统一回收

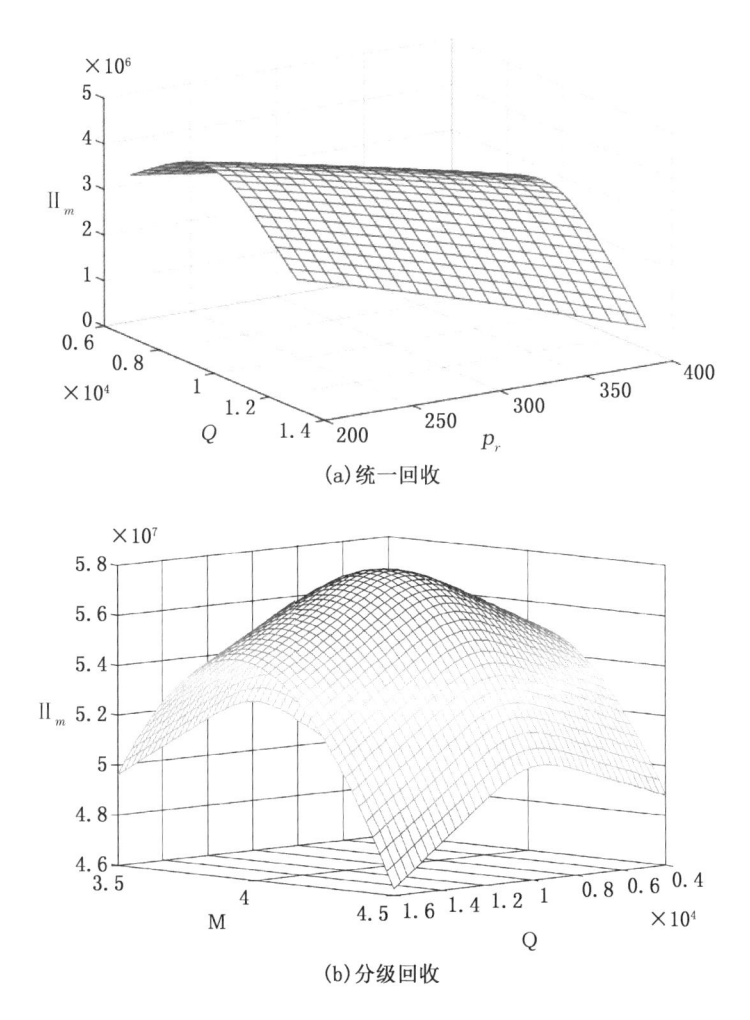

(b)分级回收

图 4.15　产品销量、回收分级数对线上生产商利润的影响

(二)正向、逆向渠道服务努力投入对线下服务商利润的影响

如图 4.16(a)所示,对于线下服务商来说,其期望利润函数是关于正向渠道服务努力水平和逆向渠道服务努力水平的联合凹函数。从图中可以看到,服务商利润函数在正向渠道服务努力水平和逆向渠道服务努力水平影响下的凹性都表现显著。

如图 4.16(b)所示,对于线下服务商来说,其期望利润函数是关于正向渠道服务努力水平和逆向渠道服务努力水平的联合凹函数。从图中可以看到,服务商利润函数在正向渠道服务努力水平和逆向渠道服务努力水平影响下的凹性都表现显著。并且对比统一回收时候线下服务商期望利润函数,分级时候的线下服务商最优的期望利润明显大于统一回收的情形。

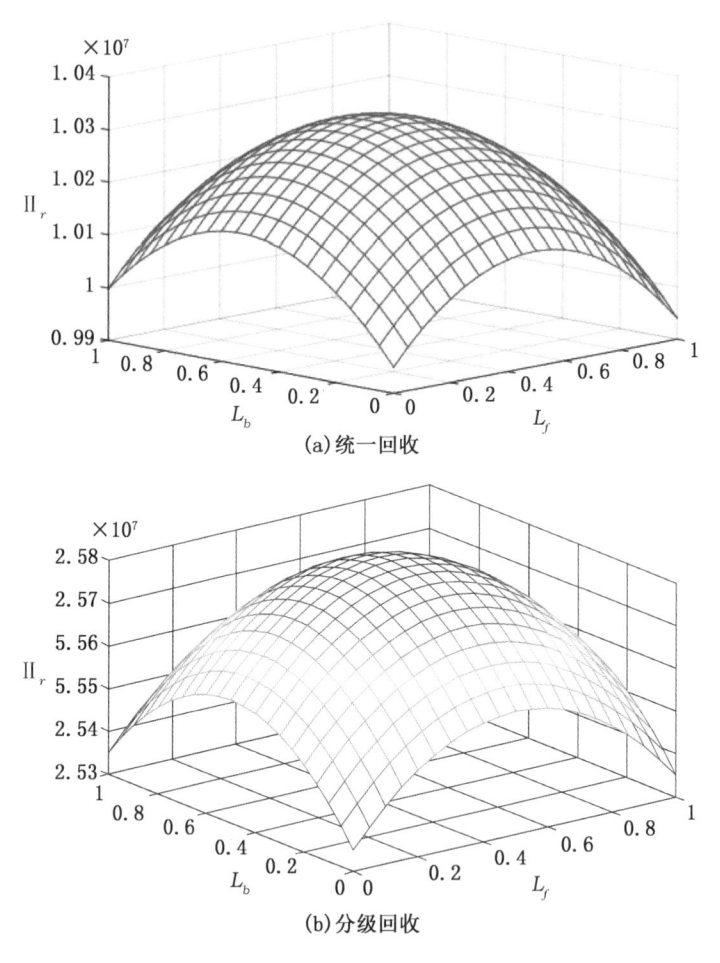

图 4.16　正/逆向渠道服务努力投入对线下服务商利润的影响

(三)收益分成比例对产品销量的影响

对于统一回收情形,从图 4.17 中可以看到,随着收益分成比例的增加,产品销售数量是递减的,且递减的速度越来越快。原因是产品销售收入的主要盈利者是生产商,但如果生产商将过多的收益分给线下服务商,那么其收益减少会削弱生产商的生产动力,从而导致销量的减少。值得注意的是,当收益分成比例大于 0.6 的时候,生产商的决策是不销售。

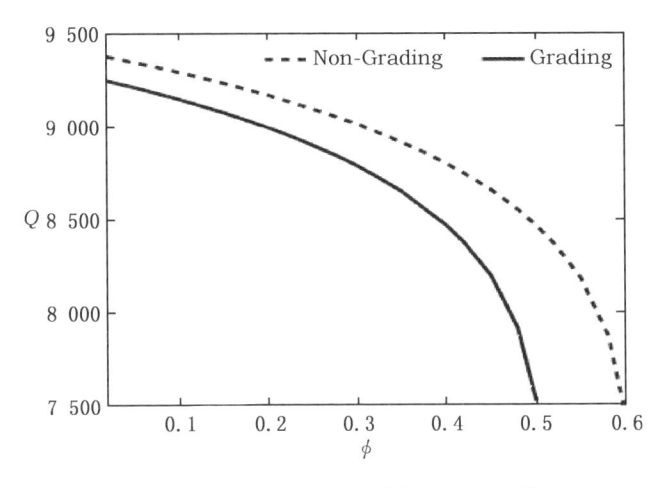

图 4.17 分成比例对产品销售量决策的影响

对于分级回收情形,从图 4.17 中可以看到,随着收益分成比例的增加,产品销售数量是递减的,且递减的速度越来越快。原因是产品销售收入的主要盈利者是生产商,但如果生产商将过多的收益分给线下服务商,那么其收益减少会削弱生产商的生产动力,从而导致销量的减少。值得注意的是,当收益分成比例大于 0.5 的时候,生产商的决策是不销售。

由图 4.17 还可以看出,对于分级回收情形,相同分成比例下产品销售量更低,这是由于分级以后能够带来更多的旧件回收,因此线下服务商会投入更多的逆向渠道服务,因此线下服务商能够投入的正向渠道努力服务减少,因此产品销售量会降低。

(四)成本分担比例对正向、逆向渠道努力投入决策的影响

从图 4.18 中可以看到,随着成本分担比例的增加,无论是统一回收还是分级回收情形下,正/逆向渠道努力投入都随之增加。线上生产商对渠道成本投入的分担比例越高,线下服务商越有动力提升渠道服务努力水平,促进产品销售和回收。同时还可以看出,成本分担比例对正向渠道的努力投入激励作用更加明显,当成本分担比例达到 0.65 的时候,正向渠道努力已经达到最大。随着分担比例的增大,逆向渠道努力投入先缓慢增加,而后会快速增加。说明成本分担达到一定比例的时候才能更好地促进逆向渠道努力投入,而不像正向渠道努力投入对成本分担比例那么敏感。同时,从图中可以看出,对于线下回收情况,由于分级回收条件下,线下回收变得更为复杂,这将会给线下服务商带来一定的麻

烦,因此需要给予更多的成本分担比例,才能提高逆向渠道的努力水平。

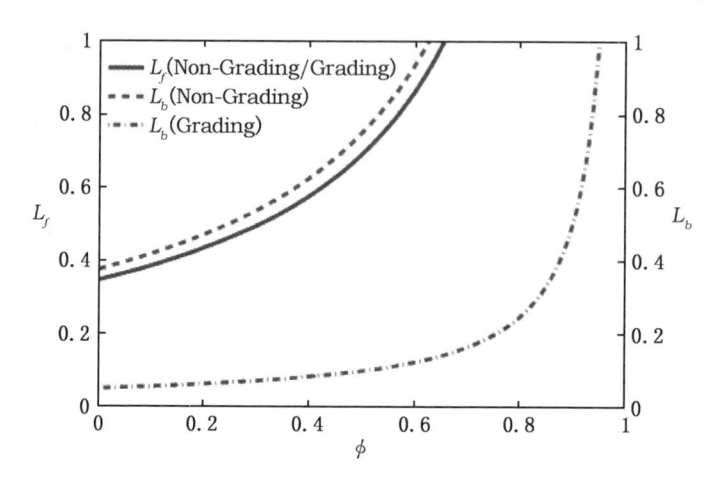

图 4.18　成本分担比例对正/逆向渠道努力投入决策的影响

(五)回收分级数对逆向渠道努力投入决策的影响

从图 4.19(a)中可以看到,随着产品销售量的增加,正向渠道服务努力投入提高,且递增的速度在逐步放缓。原因是随着产品销售量的增加,线下正向渠道的产品销量增加,因此自然需要付出更多的正向渠道努力,但是随着产品销量的进一步增加,由于受到一些客观条件的约束,正向渠道努力投入增速放缓。从图中可以看出,正向渠道努力投入不超过 0.6,从而可知产品销售量对正向渠道努力投入的激励作用有限。

从图 4.19(b)中可以看到,随着回收分级数的增加,逆向渠道服务努力先缓慢增加,然后快速增加,最后其增速逐步放缓,从而稳定在最高水平。原因是当回收分级数较少时,此时分级所带来的优势并不是很明显,因此逆向渠道努力投入增加不是很明显;随着回收分级数的增加,分级回收所带来的优势得以体现,因此逆向渠道努力投入快速增加。然而当回收分级数进一步增加时,此时分级回收的优势没有明显提高,逆向渠道努力投入也趋于稳定。

(a) 正向渠道努力投入的影响

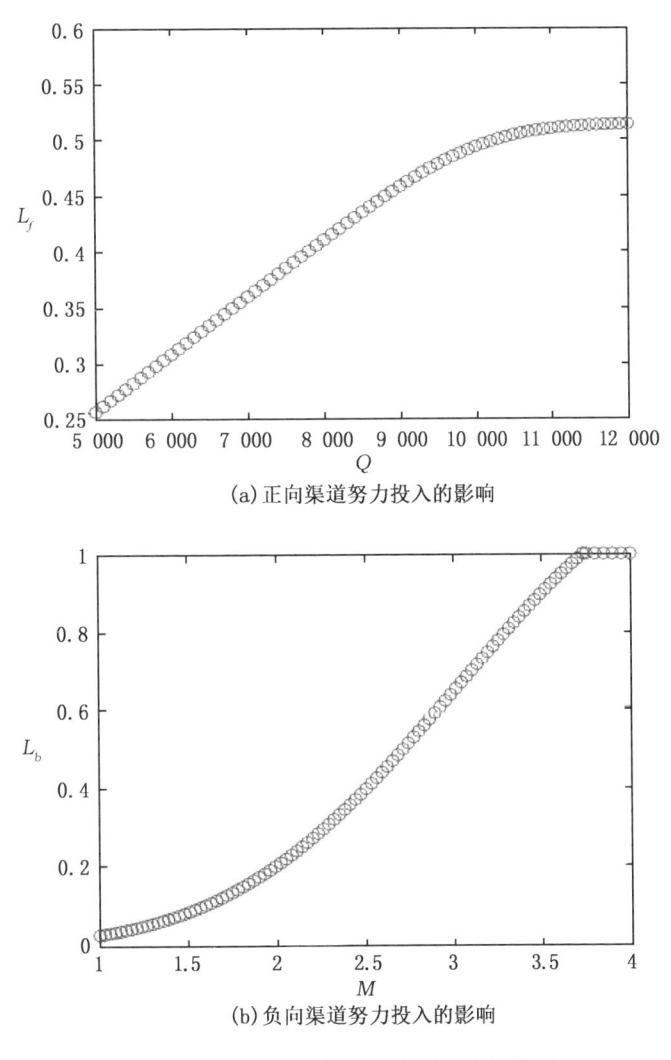

(b) 负向渠道努力投入的影响

图 4.19　分级回收下渠道努力投入决策的影响

本章小结

本章在讨论逆向渠道回收再制造系统的分级回收下的绿色生产契约的基础上,研究闭环供应链双渠道的分级契约优化。在互联网背景下,构建了互补性双渠道供应链,其中,线上生产商作为主导者,负责新品制造、旧件再制造、线上产品(含新品与再制造产品)销售以及从服务商处回收的任务;线下服务商作为跟随者,负责部分产品的线下销售、旧件回收,并负责提供正向渠道和逆向渠道的系列服务。生产商应该与服务商分享产品销售收入,并承担部分渠道投入成本,在这种情况下,服务商会更有动力开展线下产品销售与旧件回收工作,并提升正向渠道与逆向渠道的服务水平,而服务商的努力付出亦会为生产商带来更为丰厚的回报。本章讨论闭环供应链下生产商线上销售的同时如何解决线下回收再制造问题。

本章通过设计收益共享契约机制与分级回收下的绿色生产契约来观察O2O模式下生产商与服务商的协调合作表现。令线下服务商参与到逆向渠道服务投入中来,但我们发现逆向渠道的改进措施需要投入渠道建设成本,因此进一步加入成本分担机制和转移支付比例让服务商能够进而参与线下回收,随后又考虑如果将回收产品进行质量分级是否能够提高回收质量和回收效率。研究发现,生产商可以通过契约协调优化收益分成比例和成本分担比例,而且通过激励机制的设计能够实现逆向渠道服务的努力投入。对于线下服务商而言,双渠道闭环供应链的"收益共享-成本共担"机制能够提升其收益。正逆向渠道服务水平、销售收入分成比例、渠道投入成本分担比例、线上线下产品销售比例、回收转移支付等因素的加入,使得模型更贴近企业实践,具有一定的实践意义。电子商务平台的发展虽然让生产商能够在正向渠道直接面对消费者减少牛鞭效应,而逆向渠道的分级回收下的绿色生产契约也有利于缓解回收的不确定性。

第五章 绿色发展理念下的闭环供应链管理决策模型仿真

第一节 闭环供应链系统仿真建模思路

一、边界确定与基本假设

(一)系统边界确定

模型研究对象是逆向渠道回收再制造系统,该系统中再制造品收益与新件收益构成再制造商总收益的来源。其中,新件制造是为了补充再制造品产量的不足,通过再制造品销售途径并以再制造品价格进行销售。系统中的回收投资与扩大产能的投资构成再制造商总收益的流出。

考虑分级回收下的绿色生产契约下的回收再制造系统,由于将废旧产品按回收质量分级回收,对系统中的回收质量、回收成本、再制造成本、再制造收益、新件收益等再制造商总收益的来源产生影响。当期的总收益表现又会影响到未来再制造商的回收投资与产能扩大决策,影响再制造商总收益的流出。

考虑分享经济下的回收再制造系统,该系统中再制造品收益构成由传统再制造收益与分享再制造产能收益两部分构成。再制造产能分享行为会影响回收总规模预期、再制造收益等指标,进而影响再制造商的产能与投资决策,最终影响再制造商总收益的流出。

(二)系统基本假设

为了简化研究内容,根据系统目标,对所建模型给出如下假设:

(1)再制造商回收废旧产品后,全部用于再制造活动,不考虑未能再制造废旧产品的收益与成本;

(2)替换关键零部件的成本计入再制造成本中；

(3)再制造与新件制造为不同生产线，产能互不干扰；

(4)潜在可供回收数量每年增加；

(5)基于再制造企业调研数据，废旧产品的运输与库存成本占总成本的比例较小且受分级回收影响不大，在本模型中不予考虑；

(6)分享经济下的社会再制造产能需求随着分享模式的成熟，呈现指数增长；

(7)传统渠道的回收比率保持在一定范围内波动，回收规模随着潜在回收数量的增加而增加；

(8)分享经济下来自社会产能需求的再制造生产是对过剩产能的利用，并不影响传统渠道回收再制造活动的开展；

(9)再制造商在产能分享中的单位收益低于传统再制造的单位收益。

二、系统结构与主要内容

本章研究的复杂闭环供应链系统由系统输入、制造再制造过程转换和系统输出组成的动态系统。其中，系统输入主要涉及分享需求、旧件回收、原材料采购，系统输出由再制造商收益、再制造产能规模、再制造率等要素衡量。

为深入研究系统输入通过制造再制造转换对系统输出产生的影响(张玉春等，2016)，将复杂闭环供应链系统分为四个模块：回收子系统、再制造子系统、新件制造子系统和产能扩大子系统，如图5.1所示。

考虑分级回收再制造系统，通过分析回收子系统，对原材料回收规模、旧件的回收规模与回收质量、回收投资变化进行研究，关注再制造商收益对回收投资决策的影响；通过分析再制造子系统，对再制造相关成本、再制造规模、再制造率受不同分级回收决策的影响进行研究；新件制造子系统作为再制造子系统的补充，共同构成再制造商收益增加的源泉；通过分析产能扩大子系统，对分级决策、产能利用率、再制造商收益等对产能扩大决策的影响进行研究。

考虑再制造产能分享的回收再制造系统，系统输入除了考虑传统旧件回收，还会考虑来自社会的再制造产能分享需求，借助对过剩再制造产能的分享来获取分享收益。分享收益与传统再制造收益一并构成再制造产能收益。再制造商需要综合收益情况、产能使用情况、社会产能分享需求等因素决定是否引入分享再制造产能模式。分享产能模式的引入，会促进再制造商调整产能扩大决策与回收投资决策，并对再制造系统产生影响。

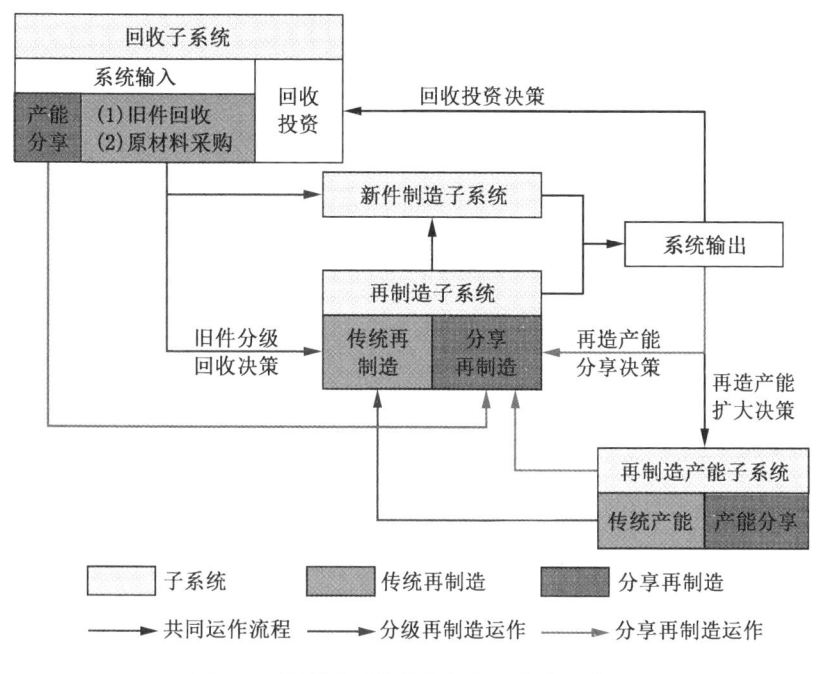

图 5.1 再制造系统结构与主要内容示意图

不论是分级回收下的绿色生产契约的采用,还是分享再制造产能模式的应用,再制造商都需要对回收再制造系统整体考虑,借助再制造收益等指标的分析,探讨回收再制造系统的演化,寻求影响因素与长期最优的平衡点。

第二节 闭环供应链分级回收长期决策的系统仿真

分级回收下的绿色生产契约会影响废旧产品的回收质量,进而影响再制造成本、再制造率等,并对回收再制造系统产生影响。而再制造阶段废旧产品的整体再制造率会进一步影响再制造商回收计划的制定(阳成虎等,2012)。因此,分级回收下的绿色生产契约的影响不仅仅体现在本期,还会带来长远影响。再制造商要从分级数静态决策的讨论中拓展开来,考虑一定时期内的动态决策。动态决策需要考虑更多影响因素,比如:本期再制造商收益对未来再制造投入的影响,一定时期内的产能利用率波动与扩产决策等等。这些因素随着时间推移而产生的累加效应,会有哪些令人期待的发现？基于以上的思考,我们将基于再制造企业的调研数据,基于系统动力学 Vensim 仿真软件建模的方法展开研究。

本节模型基于系统动力学仿真软件 Vensim Ple,本节表述变量间关系的方程将统一采用 Vensim 的方程表述形式。

一、模型的因果关系图

基于对再制造分级回收系统结构关系的分析,细化各类参数,利用反馈系统中变量的因果关联结构,可以绘制出系统因果关系图,如图 5.2 所示。再制造商总收益与再制造品收益、新件收益、回收投资、扩产投入密切相关。分级数的选择会影响回收、检测、再制造等相关成本以及再制造率,回收质量会影响回收数量、再制造成本、回收成本、再制造率,而较高回收质量的获得是与较高的回收投资对应的。再制造商关心的重点是在诸多因素构成的多个反馈回路作用下,找到长期最优的平衡点。

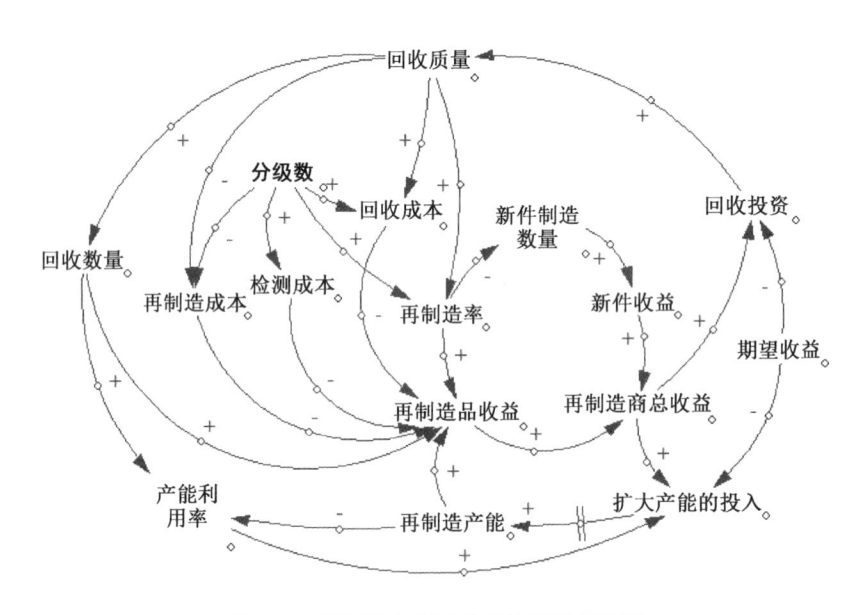

图 5.2 再制造分级回收系统因果关系图

回收再制造系统主要因果关系可以归纳为回收-再制造、产能扩大和新件制造三大类因果关系:

（一）回收-再制造的因果关系

再制造商依据每期的总收益情况，对下一期的回收投资做出调整，这决定了回收废旧产品的质量区间，这并进一步影响到回收数量、再制造成本、回收成本以及再制造率等因素，由此引起再制造品收益的波动，进而影响再制造商的总收益。在"回收-再制造"因果关系中，存在三个正反馈回路和一个负反馈回路，具体如下：

正反馈：回收投资 $\xrightarrow{+}$ 回收质量 $\xrightarrow{+}$ **回收数量** $\longrightarrow$ 再制造品收益 $\xrightarrow{+}$ 再制造商总收益 $\xrightarrow{+}$ 回收投资

正反馈：回收投资 $\xrightarrow{+}$ 回收质量 $\xrightarrow{-}$ **再制造成本** $\longrightarrow$ 再制造品收益 $\xrightarrow{+}$ 再制造商总收益 $\xrightarrow{+}$ 回收投资

正反馈：回收投资 $\xrightarrow{+}$ 回收质量 $\xrightarrow{+}$ **再制造率** $\longrightarrow$ 再制造品收益 $\xrightarrow{+}$ 再制造商总收益 $\xrightarrow{+}$ 回收投资

负反馈：回收投资 $\xrightarrow{+}$ 回收质量 $\xrightarrow{-}$ **回收成本** $\longrightarrow$ 再制造品收益 $\xrightarrow{+}$ 再制造商总收益 $\xrightarrow{+}$ 回收投资

（二）产能扩大的因果关系

再制造商扩大产能的决策需要满足两个条件：第一，再制造商总收益达到一定水平；第二，产能利用率比较高，具有未来产能短缺的预期。由于产能投入属于固定投资，投入后需要一定的建设投产周期，在产能投入与再制造产能的反馈回路上使用了延迟标志。该因果关系中，存在两个正反馈回路和一个负反馈回路，具体如下：

正反馈：扩大产能的投入 $\xrightarrow{+}$ 再制造产能 $\xrightarrow{+}$ 再制造品收益 $\xrightarrow{+}$ **再制造商总收益** $\xrightarrow{+}$ 扩大产能的投入

正反馈：扩大产能的投入 $\xrightarrow{+}$ 再制造产能 $\xrightarrow{+}$ 再制造品收益 $\xrightarrow{+}$ 再制造商总收益 $\xrightarrow{+}$ 回收投资 $\xrightarrow{+}$ 回收质量 $\xrightarrow{+}$ 回收数量 $\xrightarrow{+}$ **产能利用率** $\xrightarrow{+}$ 扩大产能的投入

负反馈：扩大产能的投入 $\xrightarrow{+}$ 再制造产能 $\xrightarrow{+}$ **产能利用率** $\xrightarrow{+}$ 扩大产能的投入

（三）新件制造的因果关系

由于再制造率的不确定，往往出现由于再制造率低导致再制造品不足以满足需求的情况。新件制造子系统作为再制造分级回收总系统的一部分，仅为了弥补这部分再制造品需求的差额。再制造率在该子系统中具有重要地位，决定着新件制造的数量，进而影响收益。收益的多寡通过影响回收投资、回收质量，来影响再制造率水平。由此形成一个负的反馈回路，具体如下：

负反馈：再制造率——**新件制造数量**——新件收益——再制造商总收益——回收投资——回收质量——再制造率

二、闭环供应链回收再制造系统流图

基于因果关系图对再制造分级回收系统的反馈结构的描述与梳理，为了进一步细化变量间的关系，反映影响系统动态性能，分析累积效应与速率调整，需要构建系统流量存量图。

鉴于现实再制造分级回收系统的复杂性，依据再制造企业调研成果，本节选取了其中有代表性的汽车零部件再制造分级回收系统进行动力学仿真，力求仿真模型更便于理解且仿真结论更具普遍意义，完整的系统流量存量图如图 5.3 所示。

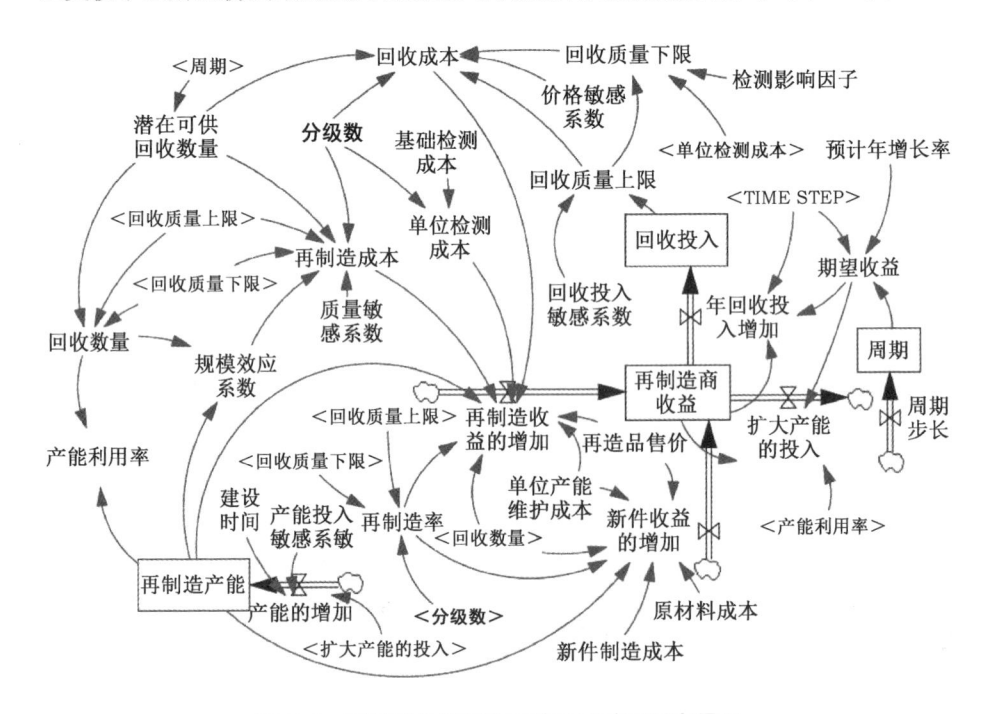

图 5.3 再制造分级回收系统的系统流量存量图

三、主要变量与系统方程

根据第三章关于逆向渠道分级回收契约的研究,对第 j 期再制造的回收成本、总再制造成本与再制造率有如下界定:

再制造商第 j 期的回收成本为:

$$\begin{aligned} p_j Q_j &= \sum_{i=1}^{j} p_{j,i}^* \times Q_{j,i}^* \\ &= \sum_{i=1}^{j} \frac{i}{j} b(q_m - q_0) \times (q_{j,i}^* - q_{j,i-1}^*) Q \\ &= \frac{j+1}{2j} b(q_m - q_0)^2 Q, i=1,2,\cdots,j-1; j=1,2,\cdots,n. \end{aligned}$$

再制造商第 j 期的总再制造成本为:

$$\begin{aligned} c_j Q_j &= \sum_{i=1}^{j} c_{j,i}^* \times Q_{j,i} \\ &= \sum_{i=1}^{j} \beta \left[1 - q_0 - \frac{i-1}{j}(q_m - q_0) \right] \left[\frac{1}{j}(q_m - q_0) \right] Q \\ &= \beta (q_m - q_0) \left[(1 - q_0) - (q_m - q_0) \frac{(j-1)}{2j} \right] Q, j=1,2,\cdots,n. \end{aligned}$$

再制造商的再制造率为:

$$\begin{aligned} \delta^* &= \sum_{i=1}^{j} q_{j,i-1} \frac{Q_{j,i}}{Q} \\ &= \sum_{i=1}^{j} \left[q_0 + \frac{i-1}{j}(q_m - q_0) \right] \frac{1}{j}(q_m - q_0) \\ &= (q_m - q_0) \left[q_0 + \frac{j-1}{2j}(q_m - q_0) \right], j=1,2,\cdots,n. \end{aligned}$$

再制造分级回收动力学模型的流图对不同性质的变量进行区分,包括了 4 个状态变量,6 个速率变量,4 个决策变量以及若干辅助变量和常量,根据模型建立的需要,进一步构造变量间的方程关系,模型涉及的主要变量与相关方程式如表 5.1 所示。

表 5.1　再制造分级回收系统动力学模型的主要变量及相关方程式

变量类型	变量名	单位	相关方程式
状态变量	再制造商收益	元	INTEG(再制造收益的增加＋新件收益的增加－年回收投入增加－扩大产能的投入)
	回收投入	元	INTEG(年回收投入增加)
	再造产能	个	INTEG(产能的增加)
	周期	Dmnl[①]	INTEG(周期步长)
速率变量	再制造收益增加	元/年	(再造品售价×再制造率－单位检测成本)×MIN(回收数量,再制造产能)－单位产能维护成本×再制造产能－回收成本－再制造成本
	新件收益的增加	元/年	(再造品售价－原材料成本－新件制造成本－单位产能维护成本)×MIN(回收数量,再制造产能)×(1－再制造率)
	扩大产能的投入	元/年	IF THEN ELSE(产能利用率＞＝0.8:AND:再制造商收益＞＝期望收益,产能投入,0)[②]
	年回收投入的增加	元/年	IF THEN ELSE[再制造商收益/TIME STEP＜＝0.8×期望收益:OR:再制造商收益/TIME STEP＞＝期望收益,(再制造商收益/TIME STEP－期望收益)×投资系数,0][②]
	产能增加	个/年	DELAY1(投入敏感系数×扩大产能的投入,建设时间)
	周期步长	Dmnl	1
主要辅助变量	回收成本	元/年	(分级数＋1)/(2×分级数)×(回收质量上限－回收质量下限)^2×潜在可供回收数量×价格敏感系数[③]
	再制造成本	元/年	质量敏感系数×(回收质量上限－回收质量下限)×$\left[1-\dfrac{(\text{分级数}-1)\times\text{回收质量上限}+(\text{分级数}+1)\times\text{回收质量下限}}{2\times\text{分级数}}\right]\times$潜在可供回收数量×规模效应系数[②]
	单位检测成本	元/(个·年)	分级数×(分级数＋1)/2×基础检测成本
	回收数量	个	(回收质量上限－回收质量下限)×潜在可供回收数量
	产能利用率	Dmnl	回收数量/再制造产能
	潜在可供回收数量	个	期初数量×(1＋回收数量预计增长率×周期)
	期望收益	元/年	期初收益×(1＋预计年增长率×周期×TIME STEP)
决策变量	分级数	Dmnl	正整数
	质量下限	Dmnl	MIN(下限基数＋单位检测成本/检测影响因子,回收质量上限)
	质量上限	Dmnl	MIN(上限基数＋投资敏感系数×回收投入,1)
	再制造率	Dmnl	回收质量下限＋(分级数－1)/分级数×(回收质量上限－回收质量下限)[②]

---

① Dmnl 表示无单位。
② 相关系数取值依据再制造企业调研信息。
③ 方程式详见附录:公式推导。

第三节　闭环供应链再制造产能分享的系统仿真

本节所建模型基于系统动力学仿真软件 Vensim，表述变量间关系的方程将统一采用 Vensim 的方程表述形式。

一、模型的因果关系图

基于分享经济下再制造回收系统结构关系的分析，细化各类参数，利用反馈系统中变量的因果关联结构，可以绘制出系统因果关系图，如图 5.4 所示。分享经济下的再制造商总收益与分享产能、回收数量、回收价格、再制造产能、单位再制造成本与单位产能维护成本密切相关。产能的分享会直接产能利用率，并影响未来产能扩大的决策，并通过增加再制造收益而影响未来的回收投资抉择，促进再制造系统更快进入良性发展轨道。再制造商关心再制造产能分享对再制造系统的长期影响，并关注产能分享的优化决策。

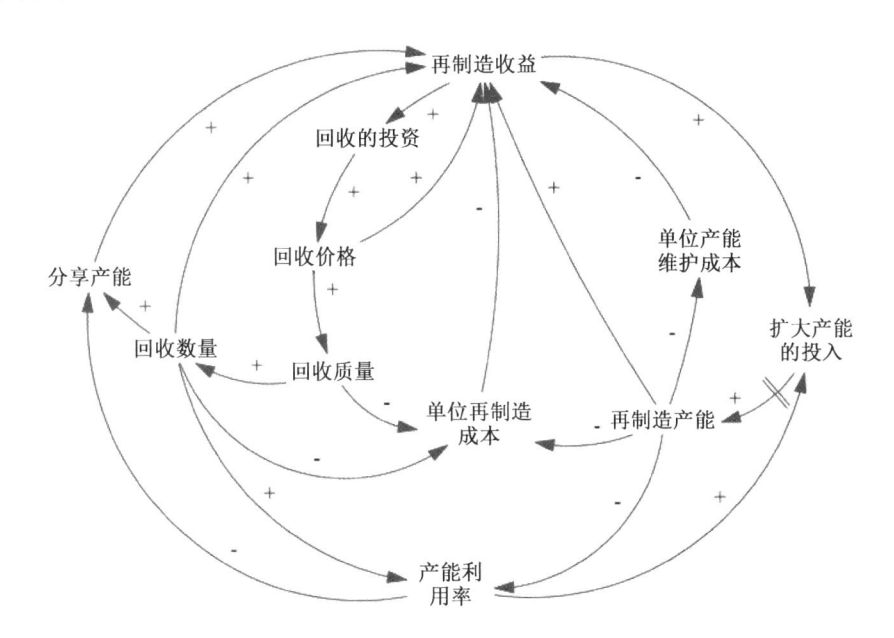

图 5.4　产能分享的回收再制造系统因果关系图

再制造产能分享的回收再制造系统主要因果关系可以从再制造收益、产能扩大和分享产能三个角度进行归纳。

(一)再制造收益相关的因果关系

再制造收益主要会对产能扩大决策与回收投资决策带来影响,这些决策会影响再制造产能、回收数量、产能利用率等指标,进而影响再制造产能分享的决策,并对未来的再制造收益形成反馈影响。在再制造收益相关的因果关系中,存在多个正反馈回路和一个负反馈回路,具体如下:

正反馈:再制造收益 $\xrightarrow{+}$ 扩大产能的投入 $\xrightarrow{+}$ 再制造产能 $\xrightarrow{+}$ 再制造收益

正反馈:再制造收益 $\xrightarrow{+}$ 扩大产能的投入 $\xrightarrow{+}$ 再制造产能 $\xrightarrow{-}$ 单位产能维护成本 $\xrightarrow{-}$ 再制造收益

正反馈:再制造收益 $\xrightarrow{+}$ 扩大产能的投入 $\xrightarrow{+}$ 再制造产能 $\xrightarrow{-}$ 单位再制造成本 $\xrightarrow{-}$ 再制造收益

正反馈:再制造收益 $\xrightarrow{+}$ 扩大产能的投入 $\xrightarrow{+}$ 再制造产能 $\xrightarrow{-}$ 产能利用率 $\xrightarrow{-}$ 分享产能 $\xrightarrow{+}$ 再制造收益

正反馈:再制造收益 $\xrightarrow{+}$ 回收的投资 $\xrightarrow{+}$ 回收价格 $\xrightarrow{+}$ 再制造收益

正反馈:再制造收益 $\xrightarrow{+}$ 回收的投资 $\xrightarrow{+}$ 回收价格 $\xrightarrow{+}$ 回收质量 $\xrightarrow{-}$ 单位再制造成本 $\xrightarrow{-}$ 再制造收益

正反馈:再制造收益 $\xrightarrow{+}$ 回收的投资 $\xrightarrow{+}$ 回收价格 $\xrightarrow{+}$ 回收质量 $\xrightarrow{+}$ 回收数量 $\xrightarrow{+}$ 再制造收益

正反馈:再制造收益 $\xrightarrow{+}$ 回收的投资 $\xrightarrow{+}$ 回收价格 $\xrightarrow{+}$ 回收质量 $\xrightarrow{+}$ 回收数量 $\xrightarrow{-}$ 单位再制造成本 $\xrightarrow{-}$ 再制造收益

正反馈:再制造收益 $\xrightarrow{+}$ 回收的投资 $\xrightarrow{+}$ 回收价格 $\xrightarrow{+}$ 回收质量 $\xrightarrow{+}$ 回收数量 $\xrightarrow{+}$ **分享产能** $\xrightarrow{+}$ 再制造收益

负反馈:再制造收益 $\xrightarrow{+}$ 回收的投资 $\xrightarrow{+}$ 回收价格 $\xrightarrow{+}$ 回收质量 $\xrightarrow{+}$ 回收数

量$\xrightarrow{+}$产能利用率$\xrightarrow{-}$**分享产能**$\xrightarrow{+}$再制造收益

（二）分享产能收益相关因果关系

再制造产能的分享为回收模式的探索提供了思路，通过产能分享，再制造商获取额外的分享产能收益。再制造收益的增加，更早地扩大再制造产能，更多地回收投资都为系统带来积极影响。当然，再制造收益的多寡通过影响回收投资、回收质量、回收数量、产能利用率，对分享产能带来负影响，由此形成一个负的反馈回路，具体如下：

正反馈：分享产能$\xrightarrow{+}$再制造收益$\xrightarrow{+}$扩大产能的投入$\xrightarrow{+}$**再制造产能**$\xrightarrow{-}$产能利用率$\xrightarrow{-}$分享产能

正反馈：分享产能$\xrightarrow{+}$再制造收益$\xrightarrow{+}$回收的投资$\xrightarrow{+}$回收价格$\xrightarrow{+}$回收质量$\xrightarrow{+}$**回收数量**$\xrightarrow{+}$分享产能

负反馈：分享产能$\xrightarrow{+}$再制造收益$\xrightarrow{+}$回收的投资$\xrightarrow{+}$回收价格$\xrightarrow{+}$回收质量$\xrightarrow{+}$回收数量$\xrightarrow{+}$**产能利用率**$\xrightarrow{-}$分享产能

（三）产能扩大决策相关因果关系

再制造商产能扩大需要满足两个条件：第一，再制造商总收益达到一定水平；第二，产能利用率比较高，具有未来产能短缺的预期。在产能分享模型中，由于再制造产能的分享提高了产能利用率的同时也为再制造商带来了分享产能收益，使得产能扩大的条件更容易被满足，再制造产能将呈现更早更大规模的扩充。该因果关系中，存在六个正反馈回路和一个负反馈回路，具体如下：

正反馈：扩大产能的投入$\xrightarrow{+}$再制造产能$\xrightarrow{+}$再制造收益$\xrightarrow{+}$扩大产能的投入

正反馈：扩大产能的投入$\xrightarrow{+}$再制造产能$\xrightarrow{-}$单位再制造成本$\xrightarrow{-}$再制造收益$\xrightarrow{+}$扩大产能的投入

正反馈：扩大产能的投入$\xrightarrow{+}$再制造产能$\xrightarrow{-}$单位产能维护成本$\xrightarrow{-}$再制造收益$\xrightarrow{+}$扩大产能的投入

正反馈:扩大产能的投入$\xrightarrow{+}$再制造产能$\xrightarrow{-}$产能利用率$\xrightarrow{-}$分享产能$\xrightarrow{+}$再制造收益$\xrightarrow{+}$扩大产能的投入

正反馈:扩大产能的投入$\xrightarrow{+}$再制造产能$\xrightarrow{+}$再制造收益$\xrightarrow{+}$回收的投资$\xrightarrow{+}$回收价格$\xrightarrow{+}$回收质量$\xrightarrow{+}$回收数量$\xrightarrow{+}$产能利用率$\xrightarrow{+}$扩大产能的投入

正反馈:扩大产能的投入$\xrightarrow{+}$再制造产能$\xrightarrow{+}$单位再制造成本/单位产能维护成本$\xrightarrow{-}$再制造收益$\xrightarrow{+}$回收的投资$\xrightarrow{+}$回收价格$\xrightarrow{+}$回收质量$\xrightarrow{+}$回收数量$\xrightarrow{+}$产能利用率$\xrightarrow{+}$扩大产能的投入

负反馈:扩大产能的投入$\xrightarrow{+}$再制造产能$\xrightarrow{+}$产能利用率$\xrightarrow{-}$扩大产能的投入

二、产能分享模式的系统流图

传统的回收再制造系统的废旧产品主要是通过服务商、维修点、制造商等渠道层层回收,回收后通过一系列的再制造活动加工成再制造产品,经检验合格后销售获取再制造收益。随着时间的推移与再制造活动的发展演变,再制造商需要在评估再制造收益、预期回收数量、产能利用率等指标,做出年投资额与产能扩大的决策,以有利于再制造系统的持续发展。

分享经济视角下,再制造收益除了来自传统再制造活动,还有一部分是由再制造产能分享而带来的收益。分享经济视角下的回收再制造系统的结构与要素表现较传统回收再制造系统发生了一定的改变,在系统流图中用淡灰色箭头表示,如图 5.5 所示。分享经济模式下,一方面,再制造系统收益中增加了分享产能收益;另一方面,受分享产能需求影响,单位再制造成本、单位产能维护成本,以及产能利用率随时间的表现都发生变化。这些影响在仿真结果中,将逐一展开分析研究。

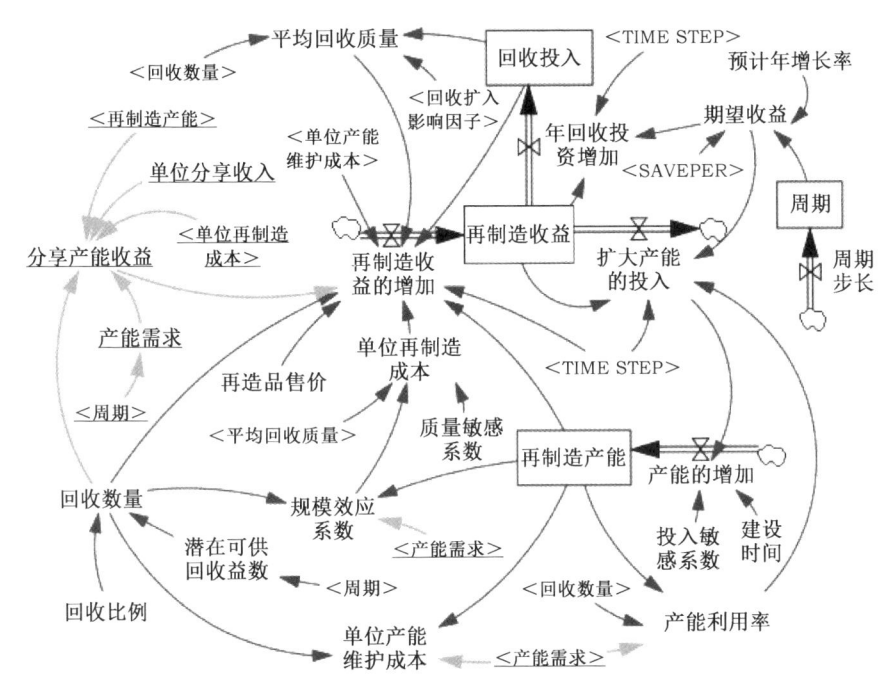

图 5.5　分享经济视角下的回收再制造系统模型流图

三、主要变量与系统方程

随着时间的推移，对再制造收益、投资决策、产能决策等系统表现的长期影响将借助系统动力学模型展开分析。按照变量性质，模型包括再制造产能、再制造收益、回收投入、周期四个状态变量，五个速率变量以及若干辅助变量和常量。在描述变量间因果关系的基础上，进一步构造变量间的方程关系，模型涉及的主要变量与相关方程如表 5.2 所示。

表 5.2　再制造分级回收系统动力学模型的主要变量及相关方程

商业模式 变量名	传统经济模式	分享经济模式
再制造商收益	INTEG(再制造收益的增加－年回收投资增加－扩大产能的投入)	
回收投入	INTEG(年回收投资增加)	
再制造产能	INTEG(产能的增加)	
周期	INTEG(周期步长)	

107

续表

商业模式 变量名	传统经济模式	分享经济模式
年回收投资增加	IF THEN ELSE[再制造收益/TIME STEP<=0.8×期望收益;OR;再制造收益/TIME STEP>=期望收益,(再制造收益/TIME STEP-期望收益)×0.01,0]	
扩大产能的投入	IF THEN ELSE(产能利用率>=0.8;AND;再制造收益/TIME STEP>=1.2×期望收益,8e+007,0)	
产能的增加	DELAY1(投入敏感系数×扩大产能的投入,建设时间)	
单位再造成本	质量敏感系数×平均回收质量×规模效应系数	
平均回收质量	MIN[RANDOM NORMAL(0.2,0.4,0.3,0.01,0.01)×(1+回收投入/回收数量×回收投入影响因子),0.9]	
回收数量	潜在可供回收数量×回收比例	
期望收益	2e+008×(1+预计年增长率×周期×SAVEPER)	
再制造收益增加	(再造品售价×平均回收质量-单位再制造成本)×MIN(回收数量,再制造产能)-回收投入/TIME STEP-单位产能维护成本×再制造产能	(再造品售价×平均回收质量-单位再制造成本)×MIN(回收数量,再制造产能)-回收投入/TIME STEP-单位产能维护成本×再制造产能+分享产能收益
分享产能收益	0	(单位分享收入-单位再制造成本)×MIN(再制造产能-回收数量,产能需求)
单位产能维护成本	总维护成本/MIN(再制造产能,回收数量)	总维护成本/MIN(再制造产能,产能需求+回收数量)
产能利用率	MIN(回收数量/再制造产能,1)	MIN[(产能需求+回收数量)/再制造产能,1]
规模效应系数	LN[规模效应基数/MIN(再制造产能,回收数量)]	LN[规模效应基数/(MIN(再制造产能,回收数量)+产能需求)]

再制造收益的变化考虑了再制造收益增加、回收投资增加、扩大产能的投入三个方面。其中,分享经济模式下的再制造收益的增加考虑了分享产能收益的贡献,这会直接影响再制造收益。回收投资决策关注再制造收益水平,若再制造收益高于期望收益,则将收益差值的1%作为回收投资增加额;若再制造收益低于期望收益的80%,则减少回收投资,减少量为收益差值的1%。产能决策需要兼顾产能利用率与再制造收益,当同时满足产能利用率高于80%、再制造收益高于期望收益20%时,才考虑扩大产能,受到来自再制造收益与产能利用率的

双重影响,其规律需要借助仿真模型展开分析。

在系统流图中,分享经济模式直接影响了再制造收益的增加、分享产能收益、单位产能维护成本、产能利用率和规模效应系数五个变量,具体方程式表达见表1。系统中的其他变量虽然在传统经济模式与分享经济模式下的方程式表达形式一致,但由于受前五个变量影响,其在仿真模拟中的表现会有所不同,亦会在仿真结果中展开分析。

第四节　闭环供应链分级回收协同系统仿真

考虑涉及生产商、服务商的正向、逆向双渠道的闭环供应链系统,生产商负责生产、再造以及线上销售活动,服务商负责双渠道服务、回收旧件以及线下销售活动,双方借助销售收益分享、渠道投入成本分担、回收转移支付、分级回收定价等系列契约来协调发展,其影响不仅仅体现在本期,还会带来长远影响。为观测这些因素随着时间推移而产生的累加效应与令人期待的发现,我们将基于系统动力学 Vensim 仿真软件建模的方法展开研究。

本节模型基于系统动力学仿真软件 Vensim Ple,本节表述变量间关系的方程将统一采用 Vensim 的方程表述形式。

一、模型的因果关系图

基于对考虑回收协同的闭环供应链系统结构关系的分析,由于系统中涉及生产商与服务商两大主体,其系统结构与要素表现较逆向渠道分级回收系统更为复杂。通过细化各类参数,利用反馈系统中变量的因果关联结构,可以绘制出系统因果关系图。其中,扩大产能的决策需要满足两个条件:第一,生产商收益超过期望收益,达到比较高的水平;第二,产能利用率比较高,具有未来产能短缺的预期。由于产能投入属于固定投资,投入后需要一定的建设投产周期,因此,不论是再制造产能扩大,还是制造产能的扩大决策,在产能投入与产能的反馈回路上都需要使用延迟。新增的主要因果关系由浅灰色箭头表示,如图 5.6 所示。

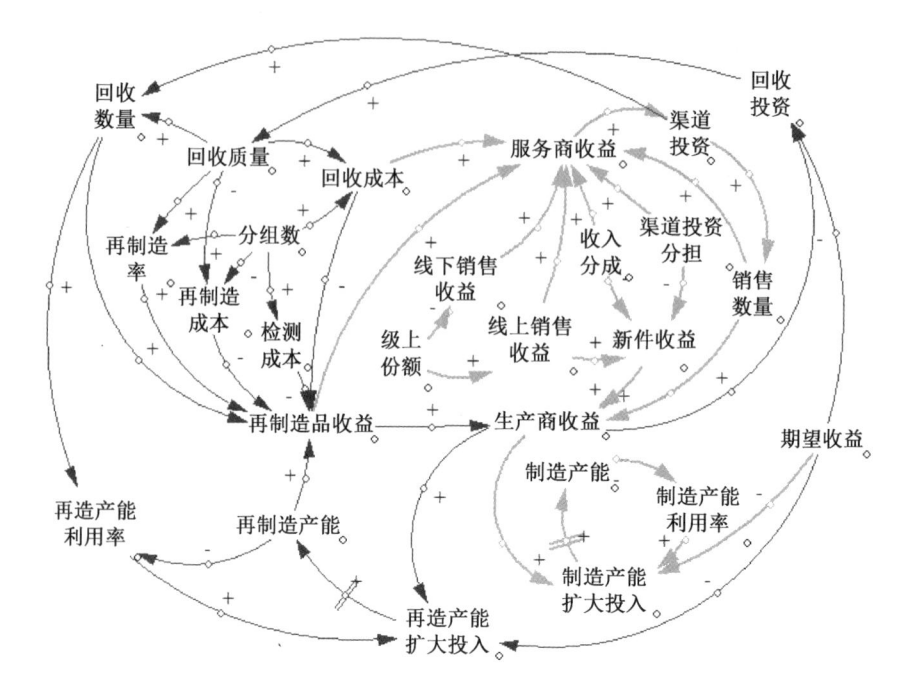

图 5.6 再制造分级回收系统因果关系图

生产商收益与新件收益、再造品收益、制造产能扩大投入、再造扩大投入、回收投资密切相关。服务商收益与线上销售收益分成、线下销售收益、渠道投资、回收成本密切相关。分级数的选择会影响回收、检测、再制造等相关成本以及再制造率，回收质量会影响回收数量、再制造成本、回收成本、再制造率，而较高回收质量的获得是与较高的回收投资对应的。以生产商为主导的闭环供应链关心的重点是在诸多因素构成的多个反馈回路作用下，找到长期最优的平衡点；观察各契约的长期效果，以便给予合理调整。

分级协同的闭环供应链系统新增的主要因果关系可以从与生产商收益相关、与服务商收益相关两个方面梳理如下：

（一）与生产商收益相关的因果关系

生产商依据每期收益情况，对下一期的回收投资、分级回收、再造产能扩大、制造产能扩大决策做出调整。将逆向渠道的回收再制造系统扩展为闭环供应链系统后，新增的主要反馈回路如下：

正反馈：生产商收益 $\xrightarrow{+}$ 回收投资 $\xrightarrow{+}$ 回收质量 $\xrightarrow{+}$ 回收数量 $\xrightarrow{+}$ 再制造品

收益$\xrightarrow{+}$服务商收益$\xrightarrow{+}$渠道投资$\xrightarrow{+}$销售数量

正反馈:生产商收益$\xrightarrow{+}$回收投资$\xrightarrow{+}$回收质量$\xrightarrow{+}$回收数量$\xrightarrow{+}$再造产能利用率$\xrightarrow{+}$再造产能扩大投入$\xrightarrow{+}$再制造产能$\xrightarrow{+}$再制造品收益

正反馈:生产商收益$\xrightarrow{+}$回收投资$\xrightarrow{+}$回收质量$\xrightarrow{+}$回收数量$\xrightarrow{+}$再造产能利用率$\xrightarrow{+}$再造产能扩大投入$\xrightarrow{+}$再制造产能$\xrightarrow{+}$再制造品收益$\xrightarrow{+}$服务商收益$\xrightarrow{+}$渠道投资$\xrightarrow{+}$销售数量

正反馈:生产商收益$\xrightarrow{+}$回收投资$\xrightarrow{+}$回收质量$\xrightarrow{+}$回收成本$\xrightarrow{+}$服务商收益$\xrightarrow{+}$渠道投资$\xrightarrow{+}$销售数量

正反馈:生产商收益$\xrightarrow{+}$回收投资$\xrightarrow{+}$回收质量$\xrightarrow{+}$回收成本$\xrightarrow{+}$服务商收益$\xrightarrow{+}$渠道投资$\xrightarrow{+}$回收数量$\xrightarrow{+}$再制造品收益

正反馈:生产商收益$\xrightarrow{+}$回收投资$\xrightarrow{+}$回收质量$\xrightarrow{+}$回收成本$\xrightarrow{+}$服务商收益 渠道投资$\xrightarrow{+}$回收数量$\xrightarrow{+}$再造产能利用率$\xrightarrow{+}$再造产能扩大投入$\xrightarrow{+}$再制造产能$\xrightarrow{+}$再制造品收益

正反馈:生产商收益$\xrightarrow{+}$回收投资$\xrightarrow{+}$回收质量$\xrightarrow{+}$再制造率$\xrightarrow{+}$再制造品收益$\xrightarrow{+}$服务商收益$\xrightarrow{+}$渠道投资$\xrightarrow{+}$销售数量

正反馈:生产商收益$\xrightarrow{+}$再造产能扩大投入$\xrightarrow{+}$再制造产能$\xrightarrow{+}$再制造品收益$\xrightarrow{+}$服务商收益$\xrightarrow{+}$渠道投资$\xrightarrow{+}$销售数量

负反馈:生产商收益$\xrightarrow{+}$回收投资$\xrightarrow{+}$回收质量$\xrightarrow{+}$回收成本$\xrightarrow{-}$再制造品收益$\xrightarrow{+}$服务商收益$\xrightarrow{+}$渠道投资$\xrightarrow{+}$销售数量

负反馈:生产商收益$\xrightarrow{+}$回收投资$\xrightarrow{+}$回收质量$\xrightarrow{+}$再制造成本$\xrightarrow{-}$再制造品收益$\xrightarrow{+}$服务商收益$\xrightarrow{+}$渠道投资$\xrightarrow{+}$销售数量

(二)与服务商收益相关的因果关系

服务商依据每期收益情况,对下一期的正向渠道服务水平、逆向渠道服务水平做出调整。在将逆向渠道的回收再制造系统扩展为闭环供应链系统的过程中,新增的主要反馈回路涉及 11 个正反馈回路和 1 个负反馈回路,具体如下:

正反馈:服务商收益$\xrightarrow{+}$渠道投资$\xrightarrow{+}$销售数量

正反馈:服务商收益$\xrightarrow{+}$渠道投资$\xrightarrow{+}$回收数量$\xrightarrow{+}$再制造品收益

正反馈:服务商收益$\xrightarrow{+}$渠道投资$\xrightarrow{+}$销售数量$\xrightarrow{+}$生产商收益$\xrightarrow{+}$再造产能扩大投入$\xrightarrow{+}$再制造产能$\xrightarrow{+}$再制造品收益

正反馈:服务商收益$\xrightarrow{+}$渠道投资$\xrightarrow{+}$回收数量$\xrightarrow{+}$再造产能利用率$\xrightarrow{+}$再造产能扩大投入$\xrightarrow{+}$再制造产能$\xrightarrow{+}$再制造品收益

正反馈:服务商收益$\xrightarrow{+}$渠道投资$\xrightarrow{+}$销售数量$\xrightarrow{+}$生产商收益$\xrightarrow{+}$回收投资$\xrightarrow{+}$回收质量$\xrightarrow{+}$回收成本

正反馈:服务商收益$\xrightarrow{+}$渠道投资$\xrightarrow{+}$销售数量$\xrightarrow{+}$生产商收益$\xrightarrow{+}$回收投资$\xrightarrow{+}$回收质量$\xrightarrow{+}$再制造率$\xrightarrow{+}$生产商收益$\xrightarrow{+}$回收投资$\xrightarrow{+}$回收质量$\xrightarrow{+}$再制造品收益

正反馈:服务商收益$\xrightarrow{+}$渠道投资$\xrightarrow{+}$销售数量$\xrightarrow{+}$生产商收益$\xrightarrow{+}$回收投资$\xrightarrow{+}$回收质量$\xrightarrow{+}$回收数量$\xrightarrow{+}$生产商收益$\xrightarrow{+}$回收投资$\xrightarrow{+}$回收质量$\xrightarrow{+}$再制造品收益

正反馈:服务商收益$\xrightarrow{+}$渠道投资$\xrightarrow{+}$回收数量$\xrightarrow{+}$再制造品收益$\xrightarrow{+}$生产商收益$\xrightarrow{+}$回收投资$\xrightarrow{+}$回收质量$\xrightarrow{+}$生产商收益 回收投资 回收质量 回收成本

正反馈:服务商收益$\xrightarrow{+}$渠道投资$\xrightarrow{+}$销售数量$\xrightarrow{+}$生产商收益$\xrightarrow{+}$回收投资$\xrightarrow{+}$回收质量$\xrightarrow{+}$回收数量$\xrightarrow{+}$生产商收益$\xrightarrow{+}$回收投资$\xrightarrow{+}$回收质量$\xrightarrow{+}$再造产能利用率$\xrightarrow{+}$再造产能扩大投入$\xrightarrow{+}$再制造产能$\xrightarrow{+}$再制造品收益

正反馈:服务商收益$\xrightarrow{+}$渠道投资$\xrightarrow{+}$回收数量$\xrightarrow{+}$再造产能利用率$\xrightarrow{+}$再造产能扩大投入$\xrightarrow{+}$再制造产能$\xrightarrow{+}$再制造品收益$\xrightarrow{+}$生产商收益$\xrightarrow{+}$回收投资$\xrightarrow{+}$回收质量$\xrightarrow{+}$回收成本

正反馈:服务商收益$\xrightarrow{+}$渠道投资$\xrightarrow{+}$销售数量$\xrightarrow{+}$生产商收益$\xrightarrow{+}$回收投资$\xrightarrow{+}$回收质量$\xrightarrow{-}$再制造成本$\xrightarrow{-}$再制造品收益

负反馈:服务商收益$\xrightarrow{+}$渠道投资$\xrightarrow{+}$销售数量$\xrightarrow{+}$生产商收益$\xrightarrow{+}$回收投

资 —+→ 回收质量 —+→ 回收成本 —−→ 再制造品收益

二、分级协同的闭环供应链系统流图

基于因果关系图对分级协调的闭环供应链系统的关系反馈结构的描述与梳理,为了进一步细化变量间的关系,反映影响系统动态性能,分析累积效应与速率调整,需要构建系统流量存量图。

鉴于现实分级协调的闭环供应链系统的复杂性,依据逆向渠道分级回收再制造系统仿真模型以及相关调研成果,本节依旧针对有代表性的汽车零部件分级协调的闭环供应链系统进行动力学仿真,力求仿真模型更便于理解且仿真结论更具普遍意义,完整的系统流量存量图如图 5.7 所示。

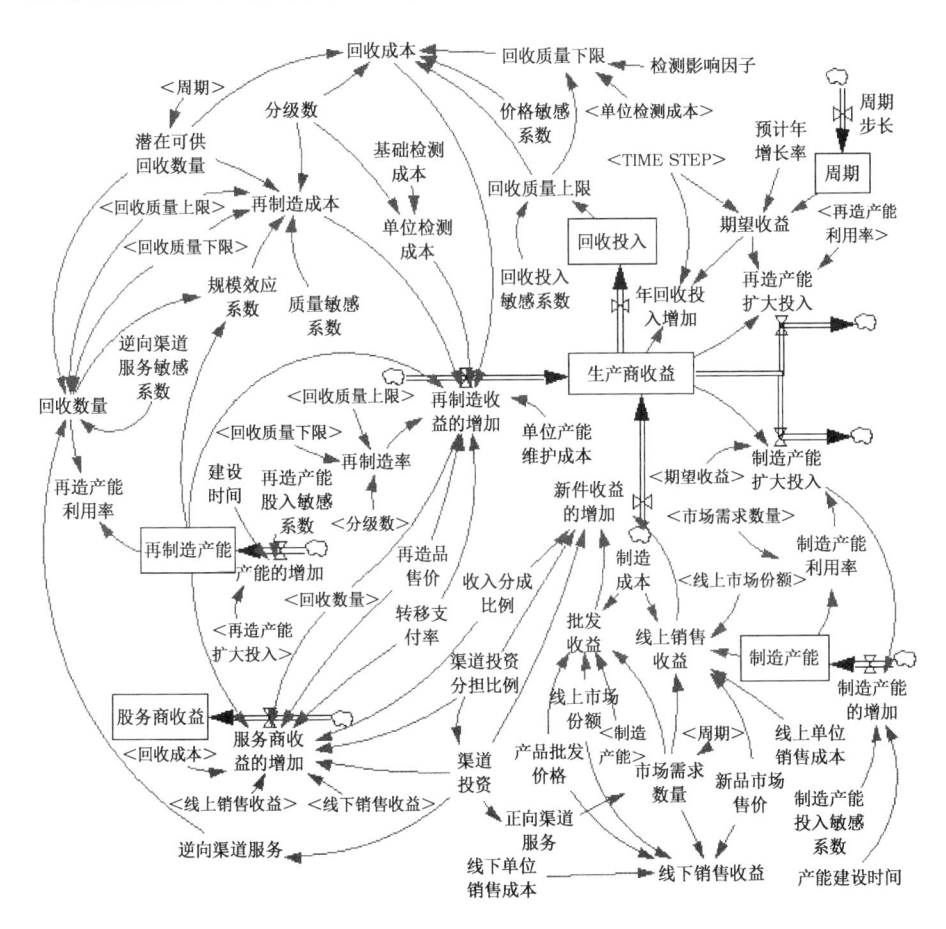

图 5.7 分级协同的闭环供应链系统的系统流量存量图

三、主要变量与系统方程

根据第四章关于闭环供应链双渠道分级契约优化的研究,生产商收益的变化考虑了新件收益的增加、再制造收益增加、年回收投入的增加、制造产能扩大投入、再造产能扩大投入这五个方面。分级回收协同的闭环供应链动力学模型的流图对不同性质的变量进行区分,包括了6个状态变量,9个速率变量,5个决策变量以及若干辅助变量和常量,根据模型建立的需要,进一步构造变量间的方程关系,模型涉及的主要变量与相关方程式如表5.3所示。

表5.3　分级回收协同的闭环供应链系统动力学模型的主要变量及相关方程式

变量类型	变量名	单位	相关方程式
状态变量	生产商收益	元	INTEG(再制造收益的增加+新件收益的增加-制造产能扩大投入-年回收投入增加-再造产能扩大投入)
	服务商收益	元	INTEG(服务商收益的增加)
	回收投入	元	INTEG(年回收投入增加)
	制造产能	个	INTEG(制造产能的增加)
	再制造产能	个	INTEG(再造产能的增加)
	周期	Dmnl[①]	INTEG(周期步长)
速率变量	再制造收益的增加	元/年	(再造品售价×再制造率-单位检测成本)×MIN(回收数量,再制造产能)-单位产能维护成本×再制造产能-回收成本×转移支付率-再制造成本
	服务商收益的增加	元/年	收入分成比例×线上销售收益+线下销售收益+(转移支付-1)×回收成本-(1-渠道投资分担比例)×渠道投资+(转移支付率-1)×再造品售价×MIN(回收数量,再制造产能)
	新件收益的增加	元/年	线上销售收益×(1-收入分成比例)+批发收益-渠道投资分担比例×渠道投资
	制造产能扩大投入	元/年	IF THEN ELSE(制造产能利用率>=0.8:AND:生产商收益>=期望收益,4e+008,0)[②]
	再造产能扩大投入	元/年	IF THEN ELSE(再造产能利用率>=0.8:AND:生产商收益>=期望收益,2e+008,0)
	年回收投入的增加	元/年	IF THEN ELSE[生产商收益/TIME STEP<=0.8×期望收益:OR:生产商收益/TIME STEP>=期望收益,(生产商收益/TIME STEP-期望收益)×0.0015,0]

[①] Dmnl 表示无单位。
[②] 相关系数取值依据再制造企业调研信息。

续表

变量类型	变量名	单位	相关方程式
速率变量	制造产能的增加	个/年	DELAY1(制造产能投入敏感系数×制造产能扩大投入,产能建设时间)
	再造产能的增加	个/年	DELAY1(再造产能投入敏感系数×再造产能扩大投入,建设时间)
	周期步长	Dmnl	1
主要辅助变量	回收成本	元/年	(分级数+1)/(2×分级数)×(回收质量上限－回收质量下限)²×潜在可供回收数量×价格敏感系数①
	批发收益	元/年	产品批发价格×(1－线上市场份额)×MIN(市场需求数量,制造产能)
	线上销售收益	元/年	(新品市场售价－线上单位销售成本)×MIN(市场需求数量,制造产能)×线上市场份额
	线下销售收益	元/年	(新品市场售价－产品批发价格－线下单位销售成本)×(1－线上市场份额)×市场需求数量
	渠道投资	元/年	1/2×(正向渠道服务敏感系数×正向渠道服务+逆向渠道服务敏感系数×逆向渠道服务)
	再制造成本	元/年	质量敏感系数×(回收质量上限－回收质量下限)×(1－[(分级数－1)×回收质量上限+(分级数+1)×回收质量下限)/(2×分级数)]×潜在可供回收数量×规模效应系数②
	单位检测成本	元/(个·年)	分级数×(分级数+1)/2×基础检测成本
	回收数量	个	(回收质量上限－回收质量下限)×潜在可供回收数量+逆向渠道服务敏感系数×逆向渠道服务
	制造产能利用率	Dmnl	市场需求数量/制造产能
	再造产能利用率	Dmnl	回收数量/再制造产能
	潜在可供回收数量	个	期初数量×(1+回收数量预计增长率×周期)
	回收质量下限	Dmnl	MIN(下限基数+单位检测成本/检测影响因子,回收质量上限)
	回收质量上限	Dmnl	MIN(上限基数+投资敏感系数×回收投入,1)
	再制造率	Dmnl	回收质量下限+(分级数－1)/分级数×(回收质量上限－回收质量下限)②
	期望收益	元/年	期初收益×(1+预计年增长率×周期×TIME STEP)

① 方程式详见附录:公式推导。
② 相关系数取值依据再制造企业调研信息。

续表

变量类型	变量名	单位	相关方程式
决策变量	分级数	Dmnl	正整数
	收入分成比例	Dmnl	[0,1]
	渠道投资分担比例	Dmnl	[0,1]
	线上市场份额	Dmnl	[0,1]
	转移支付率	Dmnl	[1,2]

本章小结

本章利用系统动力学仿真的方法,对第四章研究的闭环供应链分级回收再制造问题进行建模。考虑分级回收再制造系统,通过分析回收子系统,对原材料回收规模、旧件的回收规模与回收质量、回收投资变化进行研究,关注再制造商收益对回收投资决策的影响;通过分析再制造子系统,对再制造相关成本、再制造规模、再制造率受不同分级回收决策的影响进行研究;新件制造子系统作为再制造子系统的补充,共同构成再制造商收益增加的源泉;通过分析产能扩大子系统,对分级决策、产能利用率、再制造商收益等对产能扩大决策的影响进行研究。进一步,构建了产能分享的回收再制造系统模型,考虑来自社会的再制造产能分享需求,借助对过剩再制造产能的分享来获取分享收益。分享收益与传统再制造收益一并构成再制造产能收益。再制造商需要综合收益情况、产能使用情况、社会产能分享需求等因素决定是否引入分享再制造产能模式。分享产能模式的引入,会促进再制造商调整产能扩大决策与回收投资决策,并对再制造系统产生影响。在系统动力学模型中,再制造商对回收再制造系统整体考虑,借助再制造收益等指标的分析,探讨回收再制造系统的演化,寻求影响因素与长期最优的平衡点。

第六章　绿色发展理念下的闭环供应链管理创新决策案例

第一节　潍柴动力(潍坊)再制造有限公司回收再制造分析

按照北美发动机再制造协会(PERA)的定义:发动机再制造是通过对废旧的发动机的修复,使其尽量接近新发动机性能水平的系列活动。废旧发动机通过完全拆卸、清洗、检验、再制造、装配和性能试验来保证再制造过程的可靠性。旧机回收后,根据原厂商的技术标准检验所有的核心部件,通过上述系列再制造活动使其恢复到原来的技术要求。

发动机再制造技术源于欧美,具有五十多年的发展历史,已形成较为完整的产业链条,仅北美地区发动机再制造企业就有六千家,年产量达220百万台,产值达25亿美元。全球汽车制造巨头如大众、福特、通用等或自己建立发动机再制造厂,或与其他专业发动机再制造公司合作。如大众公司在50年时间里已再制造发动机720万台,其销售的再制造发动机和新机的比例达9∶1。本书选择潍柴动力(潍坊)再制造有限公司为对象,展开案例分析。

一、潍柴动力(潍坊)再制造有限公司概况

潍柴动力(潍坊)再制造有限公司于2008年4月21日成立,是潍柴动力股份有限公司的全资子公司,也是国家发展改革委确定的首批14家汽车零部件再制造试点企业之一。公司坐落于潍坊市高新区潍柴工业园区,厂房占地面积27090平方米,投资达2.6亿元,目前拥有约200名职工。在再制造生产中,潍柴动力(潍坊)再制造有限公司运用先进的表面工程、无损检测和剩余寿命评估等关键技术,大幅提升再制造产品品质。其再制造产品能实现单件小批量供货以

及客户旧机循环利用等个性化定制服务,达成高端与智能再制造。现公司可提供潍柴动力各系列发动机再制造整机,以及60余种再制造零部件,还能为在役发动机提供"在役再制造"服务。再制造发动机在出厂时100%通过与新品完全一致的性能检验,工作效率比大修发动机提高30%,且完全恢复发动机燃油消耗指标,可节省燃油消耗20%以上。产品享受与新品相同的保修服务,"三包"期内,客户可通过潍柴动力遍布全国的5700家特约维修站享受正规"三包"服务。经再制造流程后,产品整体性能不低于原型新品要求,实现节约成本50%、节材70%、节能60%以上[1]。

二、主要的再制造产品类型

潍柴动力(潍坊)再制造有限公司实现了标准化工艺与多元化再制造产品矩阵。在发动机整机方面,产品涵盖车用、工程机械用、船用及矿山用等系列:车用发动机中,WD615系列适配国内主流卡车与客车,WP12系列在功率、排放、可靠性及能耗控制方面表现良好;工程机械用发动机包括适配22—33吨挖掘机的WP8H系列及适配5—7T装载机的WP10H系列;船用发动机提供潍坊618P10斯太尔等产品以满足船舶动力需求;矿山用发动机则包含M系列大缸径产品及配套矿用设备产品。在发动机零部件领域,公司再制造业务覆盖电控系统、废气处理系统、燃油供给系统、空气压缩系统及缸体、曲轴等关键零件。这些零部件经表面工程、无损检测及剩余寿命评估等技术处理,性能得以保障;另有起动机、发电机等60余种零部件,价格为原厂件的60%,并提供同等"三包"服务。特色产品方面,再制造机短装版,即保留发动机本体,去除外围零部件,经全流程测试确保参数达标,适用于核心部件损坏但外围件完好的发动机替换;再制造天然气发动机采用新件燃气系统与再制造本体结合,通过燃气动力测试保证性能与原型机一致,降低更换成本;"在役再制造"服务针对运行中的发动机,通过非拆解技术实现性能修复与提升,延长设备使用寿命。

三、主要旧件回收渠道情况

潍柴动力(潍坊)再制造有限公司的主要旧件回收渠道有两个:一个回收渠

---

[1] 潍柴集团官方网站WAP(潍柴集团)[EB/OL]. 潍柴集团,2021-01-21[2025-05-18]. https://m.weichai.com/cpyfw/wmdyw/hscyw/zzz/202101/t20210121_68017.htm.

道是依托潍柴动力营销服务网络:公司借助潍柴动力庞大的营销服务网络进行旧件回收,该网络由 36 个服务中心和 3 800 家维修站组成。各地维修站负责收集旧发动机等零部件,然后统一上报给公司。为提高回收旧件的合格率,公司还组织了专门培训,为服务中心和维修站制定了易操作的发动机回收检测标准,并重点培训了 500 多家维修站,其中约 30 家具备与再制造厂同等的检测能力。另一个回收渠道是与集团用户合作:公司积极与大型集团用户合作,例如山东济钢。济钢将使用到大修期的发动机出售给潍柴再制造公司,潍柴再制造后,济钢再回购再制造发动机。通过这种合作模式,潍柴既解决了旧件回收难题,又为集团用户降低了购置成本。公司希望通过这种集团用户的示范效应,带动当地散户将旧发动机回收给公司。

四、旧件回收渠道服务现状

潍柴动力(潍坊)再制造有限公司在旧件回收渠道服务中,确立了以"精准检测、高效响应、全程透明"为核心的服务理念,构建了覆盖全流程的标准化服务体系。公司依托 36 个服务中心与 3 800 家维修站组成的网络,制定统一的旧发动机检测评估标准,通过线上培训赋能 500 余家重点网点,其中 30 家核心网点配备与再制造厂同等精度的检测设备,确保旧件质量判定的准确性;同时建立"三级响应"机制,从维修站初检上报到总部回收决策,全流程实现 2 小时至 8 小时的时效控制,并通过 CRM 系统提供检测报告、物流轨迹等全流程可视化查询,保障回收过程透明规范。

公司围绕旧件回收全链条提出八项服务承诺,涵盖检测、定价、物流、结算等关键环节。例如,对符合标准的旧件一次性出具评估报告,依托智能模型 1 小时内完成线上报价;针对 300 公里内回收需求 12 小时内取运、跨区域订单 48 小时接驳,验收合格后 24 小时内完成结算;为合作网点提供旧件预处理技术指导,通过区块链技术实现旧件全生命周期质量追溯,并每季度开展满意度调研优化服务流程,确保各环节高效衔接。

通过规范化的核心服务要求与系统性的服务承诺,潍柴动力(潍坊)再制造有限公司实现了旧件回收渠道的高效运转。这一体系不仅保障了旧件供应的稳定性与质量可靠性,通过标准化服务提升了渠道合作伙伴的专业性与黏性,也为再制造业务的规模化发展提供了流程支撑,体现了其在循环经济领域的规范化运营能力与可持续发展理念。

第二节　逆向渠道分级回收系统的定价分析

一、参数选取与说明

以斯太尔发动机（336 马力）为例，全新发动机的售价为 70 000 元，再制造发动机的售价为 44 000 元，汽车发动机的原材料价值只占 15%，而成品附加值却高达 85%。再制造能利用废旧产品中的附加值，能源消耗是新产品制造的 50%，劳动力消耗是新产品制造的 67%，原材料消耗是新产品制造的 15%。再制造发动机充分利用了废旧产品中的附加值，能源、劳动力、原材料的消耗也大幅节约，其售价为 44 000 元。通过对调研数据的整理，结合国内外专家学者的相关研究（Senlin Zhao and Qinghua Zhu,2015），设定再制造分级回收模型的系统参数如表 6.1 所示。

表 6.1　潍柴动力（潍坊）再制造有限公司实证模型参数说明

参数名	说明	参数名	说明
初始时间 INITIAL TIME	2015 年	结束时间 FINAL TIME	2065 年
节拍 TIME STEP	1	时间单位 Units for Time	年
再造品售价	44 000（元）	新件制造成本	22 000（元）
基础检测成本	400（元）	原材料成本	10 500（元）
单位产能维护成本	500[元/(个·年)]	潜在可供回收数量	700（个）
期望收益	9×10^7（元/年）	产能建设时间	2（年）
价格敏感系数	500	质量敏感系数	6 000
产能投入敏感系数	2.5×10^{-6}	回收投入敏感系数	6×10^{-9}

二、闭环供应链分级回收模型的仿真分析

（一）不同分级回收下的绿色生产契约下的再制造商收益表现

回收再制造系统模型预测从 2015 年开始，未来 50 年间，不同分级机制下再

制造商总收益的变化趋势。统一回收绿色生产契约下,再制造商收益平稳增长,分级回收优于统一回收绿色生产契约,但并不是分级数越多越好,在本例中,三级回收契约明显优于四级回收契约,如图6.1。再制造商收益的来源由再制造收益与新件收益两部分构成,当再制造率较低,再制造品不足以满足市场需求,再制造商制造并按再制造产品售价销售部分新品作为补充。再制造商收益的输出主要涉及回收投资和产能扩大投资两方面。再制造商收益的表现是再制造收益、新件收益、回收投资、产能投资、再制造规模、回收质量特征等诸多信息的综合反映,系统内的各要素在不同回收契约下的表现随时间而呈现复杂变化。在仿真初期,二级回收契约下的再制造商最早做出扩大产能的决策,并相对三级回收契约显现出微弱优势;随着时间的流逝,三级回收契约下再制造商收益明显处于领先位置;然而在仿真后期,随着时间的延续,二级回收契约下再制造商收益的增加速度加快,优势逐步展现,有反超三级回收契约下再制造商收益的趋势。

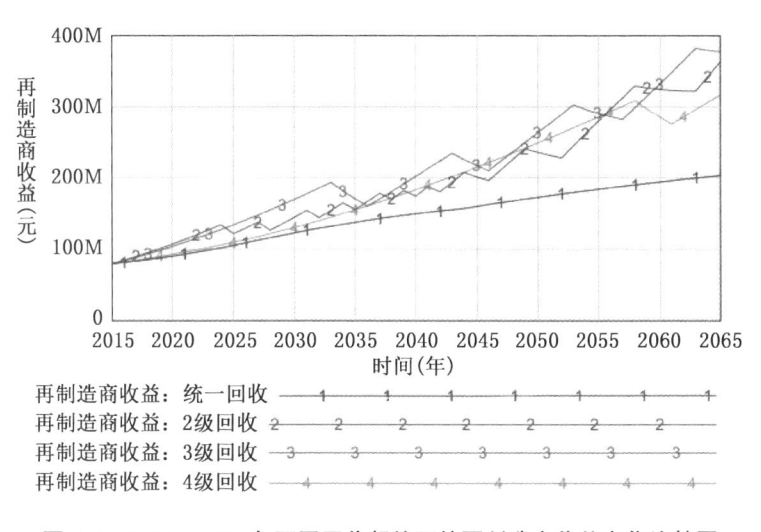

图 6.1　2015—2065 年不同回收契约下的再制造商收益变化比较图

再制造商收益的良好表现使得再制造商有资本增加回收投入,随着回收投入的增加,更多的高质量废旧产品会进入再制造渠道。目前,再制造商回收到的往往是 4S 店或者维修点无法修复或者修复成本过高的废旧产品,高回收质量的回收产品很少,因此,再制造商往往采用的是依据有再制造价值的基础回收质量展开的统一的再制造活动。当回收质量较高的旧件越来越多地被回收,再制造商可以依据回收分级类别对再制造工艺进行分类,对于高质量的废旧产品可以采用简化的再制造工艺,减少除锈清洁等工作,平均单位再制造成本降低。

总之,分级回收下的绿色生产契约更有利于使再制造业务更快进入良性发展状态。再制造商决策时,应根据自身情况与未来再制造发展规划做出选择,也可以做出阶段性的回收契约设计。

(二)不同分级回收下的绿色生产契约下再制造产能持续变化

再制造产能扩大决策是再制造商的重要决策之一,再制造商需要兼顾当前收益与产能利用率状况,考虑短期与长期利益做出选择。

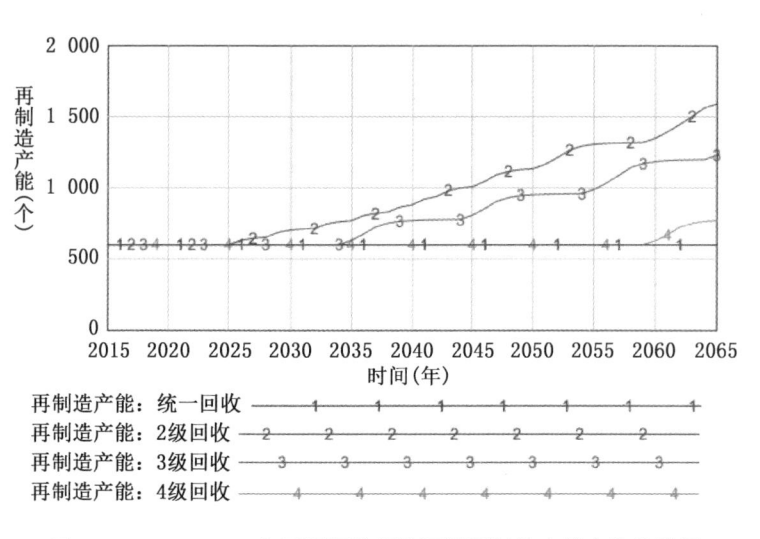

图 6.2　2015—2065 年不同回收契约下的再制造产能变化比较图

统一回收绿色生产契约下,再制造商并未进行产能扩大,一直保持 500 单位的再制造产能。四级回收契约也仅是在 2058 年进行了较小规模的产能扩大决策。然而,二级、三级回收契约下,再制造商则较早开始了持续的产能扩大投资。其中,二级回收契约下的产能扩大投资更早更大,50 年仿真期间,将再制造产能扩大到原有产能的三倍多,如图 6.2 所示。

再制造产能的扩大需要再制造商投资,短期内会影响其收益,但就长期来看,再制造产能是保障再制造持续快速发展的有力保证,图 6.2 中再制造收益的表现验证了这个观点。

(三)检测成本高低对不同回收决策的影响分析

不同分级回收下的绿色生产契约会产生不同的检测成本,分级数越多,检测越细致,检测成本越高。一方面,检测成本的增加会直接影响再制造收益,产生负影响;另一方面,检测精细能够将不符合再制造条件的废旧产品筛选出来,实际的回收质量下限将提高,进而提高再造率且降低单位再制造成本,对再制造商收益产生正影响。因此,检测成本对再制造商收益的总影响不确定,另外考虑到检测成本对不同回收契约的影响无法直接观测,特针对检测成本对回收契约的影响展开仿真分析。

将每年的单位旧件基础检测成本从 500 元提升至 600 元,依次对四类回收契约进行仿真分析。基础检测成本的提高使得不同回收契约下的检测成本都有所提升,且分级数越多,检测成本增加的幅度越大。在此影响下,由分级回收带来的优势削减,4 级回收契约下的再制造商收益表现不如统一回收绿色生产契约,二级回收契约在仿真初期与后期的优势更为显著,如图 6.3 所示。

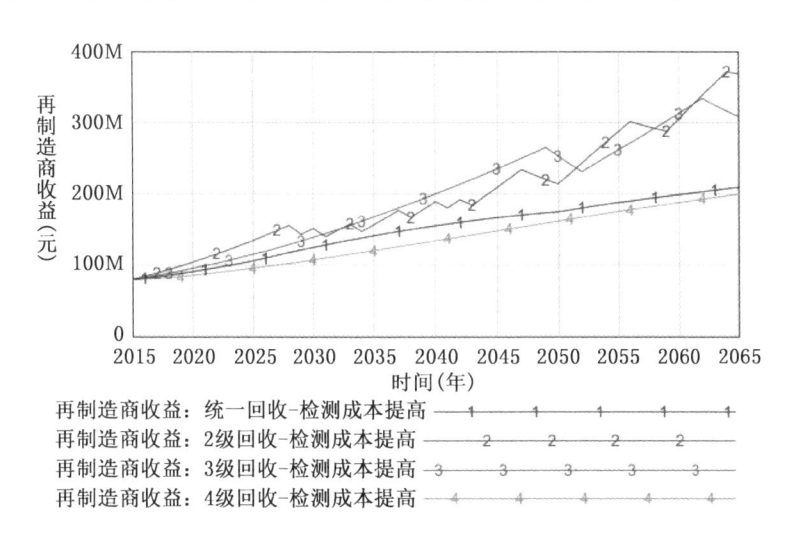

再制造商收益:统一回收-检测成本提高 ——1——
再制造商收益:2级回收-检测成本提高 ——2——
再制造商收益:3级回收-检测成本提高 ——3——
再制造商收益:4级回收-检测成本提高 ————

图 6.3 检测成本提高后不同回收契约下再制造商收益变化比较图

因此,检测成本的增加对再制造商收益的削减作用随着分级数的增加而更为显著。当分级数较小时,检测成本的增加会对再制造商收益具有提升作用,如本例中的统一回收与二级回收契约下的再制造商收益都有小幅提升。

(四)回收质量特征对不同回收决策的影响分析

受产品特性、消费者使用习惯、自然地域条件等诸多因素影响,不同类别废旧产品的回收质量分布差异明显,有的回收质量平均偏高,有的回收质量整体偏低,有的回收质量波动范围很大,有的回收质量比较集中。那么回收质量的这些特征会对再制造商的回收决策带来哪些影响呢?通过调整模型中回收质量上下限的相关参数设置,扩大回收质量的波动幅度,观察不同回收契约下再制造商收益的仿真表现,如图 6.4 所示。

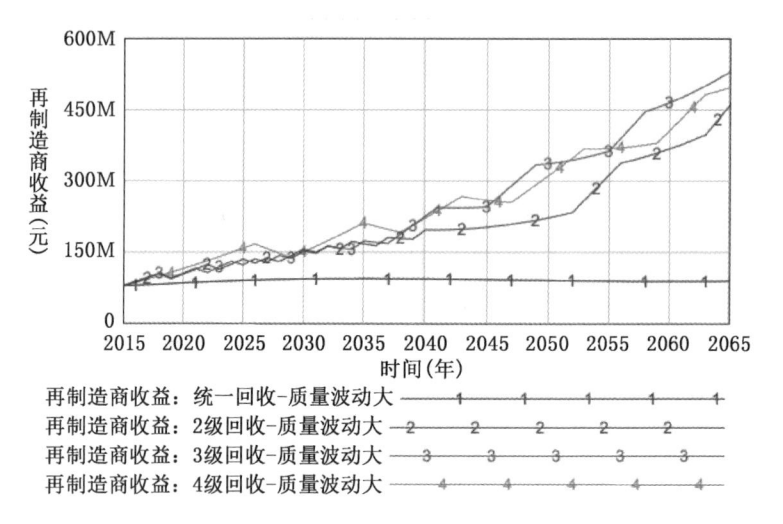

图 6.4　回收质量波动幅度变大后不同回收契约下再制造商收益变化比较图

随着回收质量波动幅度的扩大,由分级带来的优势进一步扩大,分级数越多,这种变化越明显。四级回收契约在仿真初期以其再制造收益表现成为首选,到仿真中后期,三级回收契约的显现。然而,二级回收契约下的再制造商收益表现不佳,尤其在仿真中后期的表现明显落后。

因此,回收质量波动幅度越大,一定范围内的分级数越多越具有优势;同理,回收质量比较集中的产品再制造,则应选择级数较少的回收契约。再制造商需要根据产品回收质量的特征对回收契约做出判断与选择。

(五)不同回收契约下的回收质量区间变化分析

不同分级回收下的绿色生产契约会产生不同的检测成本,分级数越多,检测越细致,检测成本越高,越能够将不符合再制造条件的废旧产品筛选出来,使实际的回收质量下限有所提高。本案将基础回收质量与检测成本关联,依据企业调研的相关统计数据,选取"检测影响因子"作为系数进行估计。统一回收、二级回收、三级回收、四级回收情景下的回收质量下限分别为 0.13、0.18、0.25、0.35。

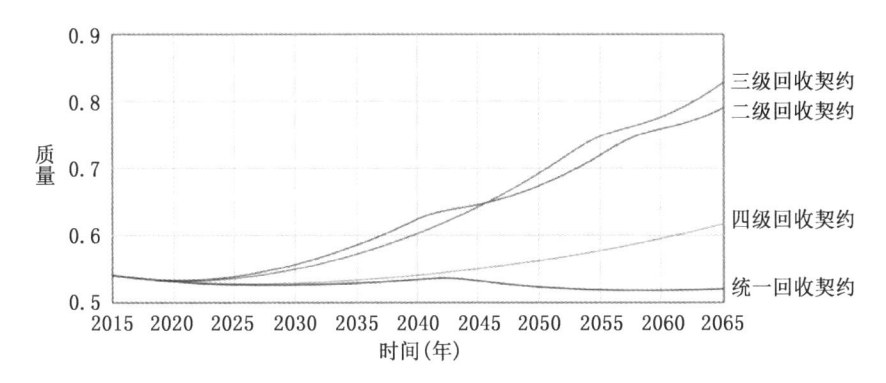

图 6.5 分级回收下的回收质量区间上限动态变化示意图

废旧产品最高回收质量直接受再制造商回收投入的影响,随着回收投入的增加,更多的高质量废旧产品会进入再制造渠道(比如:维修商对部分高质量旧件放弃维修),如图 6.5 所示。目前,再制造商回收到的往往是 4S 店或者维修点无法修复或者修复成本过高的废旧产品,高回收质量的回收产品很少,因此,再制造商往往采用的是依据有再制造价值的基础回收质量展开的统一的再制造活动。比如,在统一回收绿色生产契约下,从 2015 年开始的 50 年间,再制造商回收到的最高回收质量很稳定,介于 0.52 与 0.54 之间,甚至随着时间推移出现下降趋势。而三级回收契约下,回收再制造系统进入良性发展轨道,当前的回收再造收益支持了未来的发展,随着回收投入增加,回收质量由 2015 年的 $q \in (0.25, 0.54)$ 变为 2065 年的 $q \in (0.25, 0.83)$,在回收质量跨度变大的同时,更是会收到高质量的废旧产品。但是,这种由分级数增加带来的红利不会持续增加,由图 6.5 可以看出,当再制造商选用四级回收契约时,平均回收质量的增加放缓,分级数的增加同样会带来副作用,比如:检测分类成本增加,由于再制造批量变小而造成的单位再制造成本增加,等等。

因此,分级数的增加有利于促进回收再制造系统的良性运转,从而带动回收投资,进而促进高品质废旧产品的回收。但不是分级数越多越好,需要根据再制造企业的实际选取最优分级数。随着时间推移与回收再制造系统的发展,不断提高平均回收质量。

(六)再制造率对再制造商总收益的敏感度分析

本节选取再制造率进行测试,由表 6.2 可知,以再制造率(0.5、0.55、0.6、0.65、0.7)5 组数据为例观察再制造收益的增加与新件收益增加。当再制造率为 0.5 时,再制造收益的增加由 2015 年的 1.394 百万元,到 2065 年变为 2.856 百万元,增加了 104.88%,同理,新件收益的增加为 48.31%;当再制造率为 0.7 时,再制造收益的增加由 3.366 百万元,到 2065 年变为 7.479 百万元,增加了 122.19%,而新件收益的增加为 81.49%。

表 6.2　　　　　　　　　再制造率敏感性测试结果表

再制造率	再制造收益的增加(百万元)			新件收益的增加(百万元)		
	2015 年	2040 年	2065 年	2015 年	2040 年	2065 年
0.5	1.394	1.685	2.856	1.008	1.108	1.495
0.55	1.887	2.313	3.962	0.907	1.031	1.438
0.6	2.380	2.968	5.046	0.806	0.938	1.337
0.65	2.873	3.648	6.209	0.706	0.840	1.223
0.7	3.366	4.354	7.479	0.605	0.736	1.098

因此,随着再制造率的提升,再制造收益显著增加,且再制造收益与新件收益增加的速度加快。

本节通过构建再制造分级回收的系统动力学模型,分析了不同分级回收下的绿色生产契约下再制造系统的结构特征,通过对再制造商收益、再制造产能的比较给出回收契约的选择思路,并对检测成本、回收质量特征这两类回收契约选择的关键影响因素展开深入研究。由于仿真周期为 2015—2065 年的五十年间,既要考虑分级机制对本期回收再制造系统的影响,又要观察系统在产能扩大、回收投资决策下的长期表现,分级回收下的绿色生产契约有利于系统整体效益的提升,最优分级回收下的绿色生产契约受回收质量分布特征、再制造成本节约曲线、检验成本等诸多因素的综合影响。研究发现:分级回收下的绿色生产契约能够减少回收流的不确定性,平均回收质量的提升使得再制造率提升的同时也降低了单位再制造成本,有利于促进再制造产业进入良性发展轨道,促使再制造商更早做出再制造产能扩大的决策;分级决策对检测成本敏感,检测成本的提高使得再制造商最优分级数减少;回收质量特征也是再制造商分级决策的重要影响因素,回收质量波动幅度越大,再制造商越倾向选择较多等级的回收策略。

第三节 闭环供应链回收再制造分享产能预测

一、参数选取与说明

鉴于现实回收再制造系统的复杂不确定性,依据企业调研获取的成果,本节仍然选取潍柴动力(潍坊)再制造有限公司主导的闭环供应链回收再制造系统为研究对象展开系统动力学仿真,力求仿真模型更便于理解且仿真结论更具普遍意义。通过对调研数据的整理,再结合国内外专家学者的相关研究(Senlin Zhao,2015),本节延续第二节的部分参数设定,具体回收再制造产能预测的动力学模型参数如表 6.3 所示。

表 6.3　潍柴动力(潍坊)再制造有限公司实证模型参数说明

参数名	说明	参数名	说明
初始时间 INITIAL TIME	2015 年	结束时间 FINAL TIME	2055 年
节拍 TIME STEP	1	时间单位 Units for Time	年
再造品售价	44 000(元)	单位分享收入	11 000(元)
期初年回收投入额	1.2×10^7(元/年)	年产能维护成本	600 000(元/年)
期初产能	1 500(个)	期初产能需求	100(个)
期初潜在可供回收数量	1 000(个)	回收比率	服从 N(0.4,0.01)
期初期望收益	2×10^8(元/年)	年期望收益增长率	5%
产能建设时间	3(年)	质量敏感系数	3 000
投入敏感系数	2×10^{-5}	回收投入影响因子	5×10^{-5}

二、回收再制造产能预测的仿真分析

为保证模型能够满足结构合理与研究目标,依据 Forrester 的核心测试程序对回收再制造系统动力学模型进行效度检验。将相关参数代入模型,对传统经

济模式与分享经济模式下回收再制造系统的关键参数进行定量对比分析,研究分享经济商业模式对回收再制造系统的影响。

本节将从四方面对模型仿真结果进行分析,预测分享经济模式下的回收再制造系统表现与策略表现。

(一)再制造产能分享与传统模式下的收益比较

对分享经济模式下回收再制造系统模型的再制造收益仿真结果与传统经济模式下的仿真结果展开比较分析,如图 6.6。

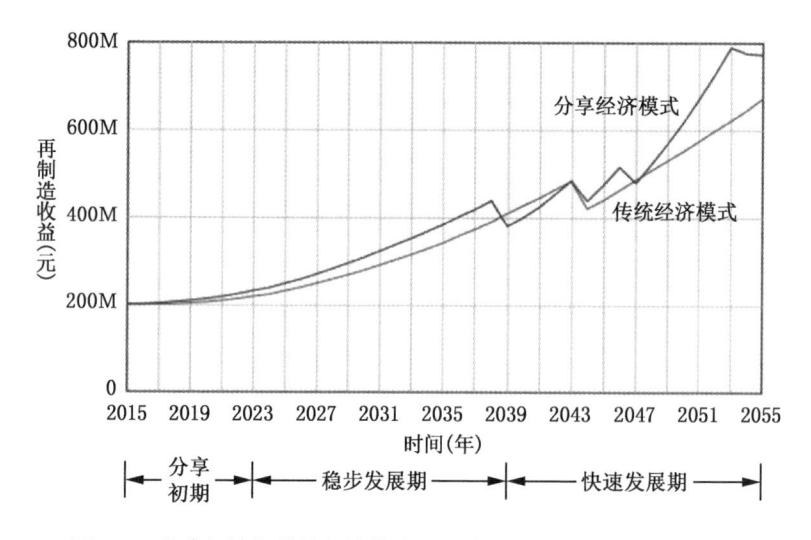

图 6.6 分享经济与传统经济模式下回收再制造收益仿真结果比较

通过比较可以看出,分享经济模式下的回收再制造系统将闲置的再制造产能部分加以利用。依据统计数据、经验数据展开仿真预测,从再制造收益的表现来看,可以将分享经济下的回收再制造系统发展分为三个阶段。

在分享初期,市场逐步接受并尝试再制造产能的分享模式,一小部分的市场再制造需求被激发,并借助再制造产能分享的方式得以实现。

随后,进入稳步发展期,分享经济模式与传统经济下的再制造收益的差距逐渐显现出来,市场开始认同分享产能的模式,并进一步影响了再制造商产能扩大决策。分享经济模式下的产能利用率较高,加之再制造收益的良好表现,再制造商决定较早实施产能扩大,以支持未来快速发展的再制造需求。

从 2040 年开始,进入快速发展期,在传统经济模式下年再制造收益保持稳步增加,分享经济模式下的年再制造收益增加在分享产能收益的带动下呈现爆发式增长,优势凸显,如图 6.7 所示。

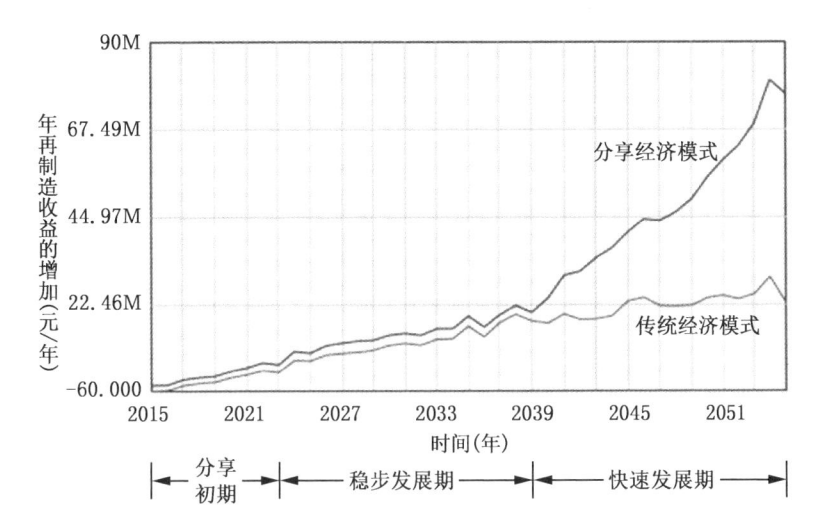

图 6.7 分享经济与传统经济模式下再制造收益增加的仿真结果比较

(二)再制造产能分享对再制造成本的影响分析

分享经济对回收再制造系统的影响,一方面借助产能分享,能够提升产能利用率,获取分享产能收益;另一方面,再制造规模的扩大,对相关成本产生影响。

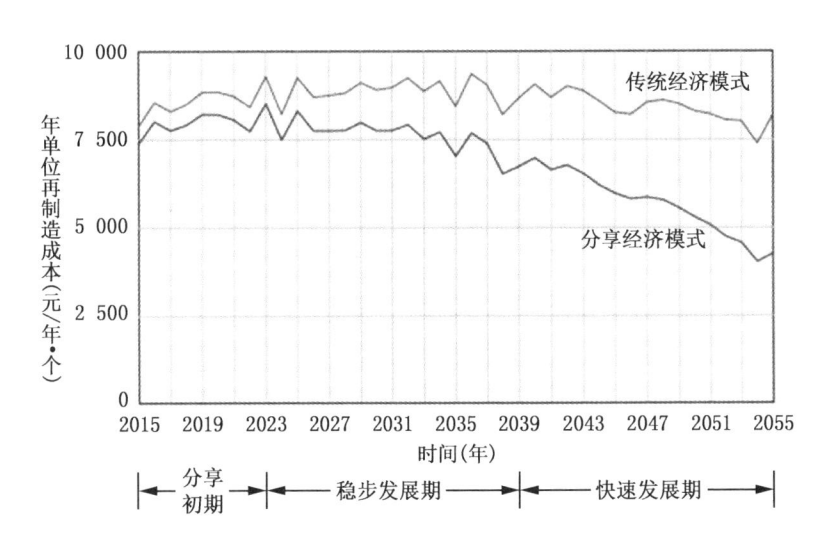

图 6.8 分享经济与传统经济模式下年单位再制造成本的仿真结果比较

随着再制造规模的扩大,在规模效应的作用下,年单位再制造成本(见图6.8)与单位产能维护成本较传统经济模式,都呈现出更明显的下降趋势。对应分享经济下回收再制造系统发展的三个阶段,年单位再制造成本的节约越来越显著,这由分享产能需求增长加速、产能扩大决策、传统再制造产能增长特点等多因素共同决定。

(三)再制造产能分享对再制造产能的影响分析

分享经济为再制造冗余产能提供了利用渠道,借助第三方平台将零散的市场再制造需求汇聚起来,使得再制造商的产能利用率得以提高。随着产能分享的推进,在为再制造商带来更多分享产能收益的同时,也促使再制造商更早地做出产能扩大决策,如图6.9所示。

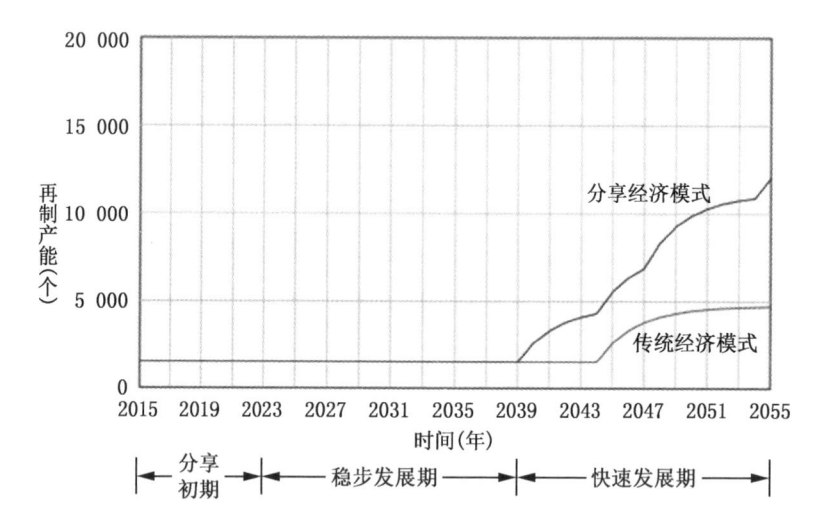

图6.9 分享经济与传统经济模式下再制造产能的仿真结果比较

分享经济为回收再制造系统带来的另一产能影响是更多的产能扩大决策,从2039年至2055年,再制造商将进行四次的扩产决策,将再制造的产能扩大到12 000个。而在传统经济下的再制造商仅在2044年进行了一次再制造产能扩大的决策,仅将产能扩大到4 700个。至2055年,分享经济下的再制造产能达到传统再制造产能的2.55倍。

分享经济下的回收再制造系统从2039年开始扩大产能,并进入快速发展期。究其原因,主要得益于分享产能的快速增长,带动了分享产能收益的增加与再制造规模的扩大,随着第三方平台对分散再制造需求的汇聚与引导,产能分享越来越被接受,并开始成为再制造的重要渠道,并使得再制造产业健康快速发展。

(四)再制造产能分享对再制造收益构成的分析

分享经济下回收再制造系统的良好表现是由分享产能收益创造的,还是传统渠道的再制造收益也提供了帮助?针对这个疑问,下面对分享经济模式下的再制造收益构成展开仿真分析。

分享经济模式下,再制造商发展着"主业",通过销售渠道回收废旧产品,经过检测、拆卸、清洗、表面工艺处理等系列的再制造工艺生产出再制造产品,然后通过销售实现传统渠道的再制造收益;另一方面,再制造商的"副业"也日趋繁荣,再制造商借助第三方平台,发布冗余的再制造产能,为第三方平台整合的再制造需求提供再制造服务,并收取一定的再制造服务费用,形成分享产能的收益。

随着时间的推移与分享经济回收再制造的深入,分享经济的优势逐步显现,表现在以下两个方面:

第一,分享经济模式下,传统渠道收益受产能分享影响而增加。传统渠道的再制造收益在分享经济模式下的表现优于传统经济模式下的表现,尤其是在分享产能迅速崛起的仿真后期,如图 6.10 所示。这源于分享经济下再制造规模效应的实现以及产能利用率的提高。

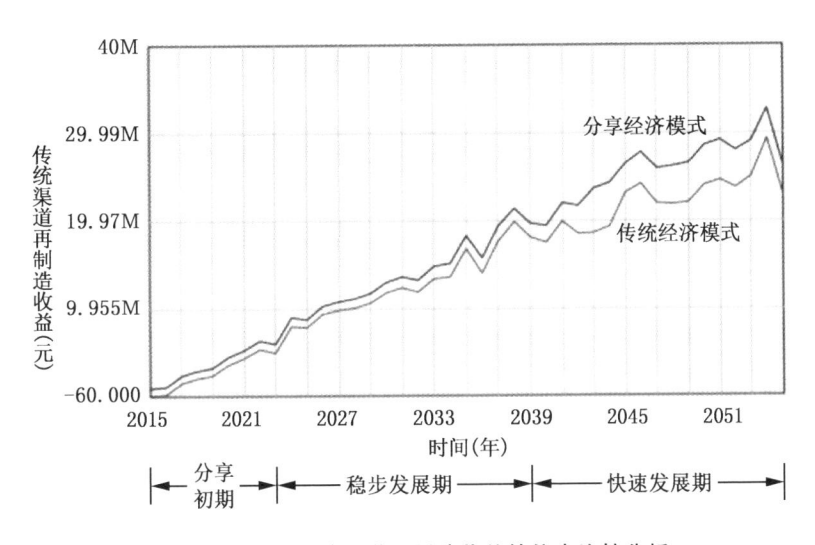

图 6.10 传统渠道再制造收益的仿真比较分析

第二，分享产能收益在再制造总收益中的比例提高。2015 年至 2034 年分享经济收益所占比例在 11% 到 16% 之间波动，然而 2034 年之后分享产能收益占比迅速提升，由 11% 一直提高到 64%，如图 6.11 所示。2051 年，分享经济影响下的回收再制造系统，由分享产能带来的收益将超过传统渠道的再制造收益，成为再制造商最主要的收益来源，如图 6.12 所示。

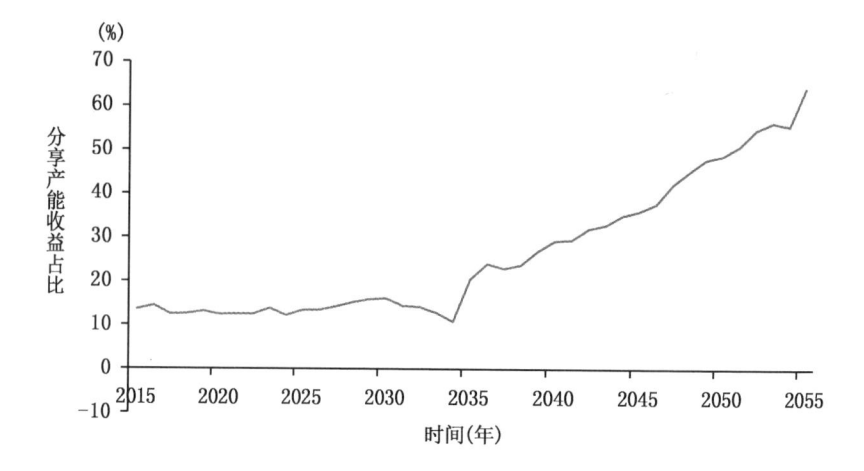

图 6.11　分享经济下分享产能收益占比变化图

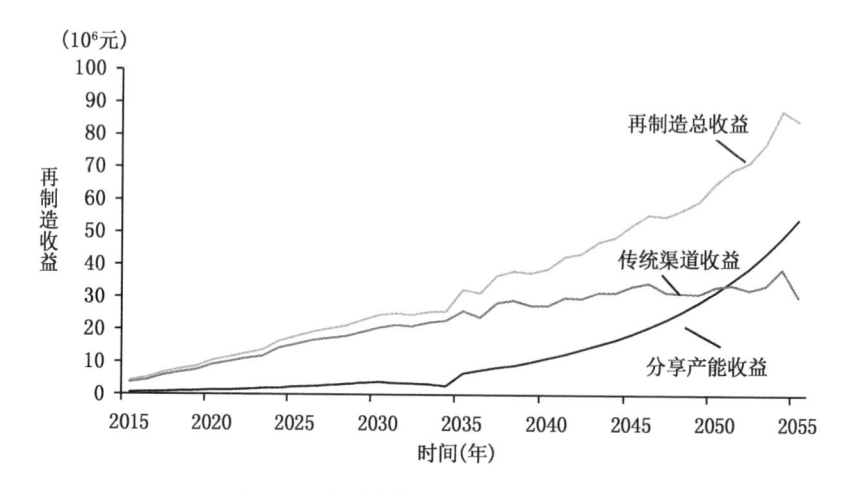

图 6.12　分享经济下再制造收益构成图

第四节　闭环供应链双渠道的分级契约分析

一、参数选取与说明

鉴于现实回收再制造系统的复杂不确定性,依据企业调研获取的成果和关于潍柴动力再制造发动机有关报道[1],本节选取淮柴动力(潍坊)再制造公司主导的闭环供应链回收再制造系统为研究对象展开系统动力学仿真,延续第二节、第三节的部分参数设定,具体分级协同的闭环供应链双渠道系统动力学模型参数如表 6.4 所示。

表 6.4　潍柴动力(潍坊)再制造有限公司实证模型参数说明

参数名	说明	参数名	说明
初始时间 INITIAL TIME	2015 年	结束时间 FINAL TIME	2065 年
节拍 TIME STEP	1	时间单位 Units for Time	年
新品市场售价	80 000(元)	产品批发价格	65 000(元)
再造品售价	44 000(元)	期初年回收投入额	1×10^7(元/年)
期初生产商收益	1×10^9(元)	期初服务商收益	3×10^8(元)
单位产能维护成本	500(元/年·个)	质量敏感系数	4 500
期初再造产能	1 000(个)	期初制造产能	2 500(个)
线上单位销售成本	3 000(元/年)	线上单位销售成本	5 000(元/年)
期初潜在可供回收数量	800(个)	期初市场需求	1 500(个)
期初期望收益	1×10^9(元/年)	年期望收益增长率	5%
再造产能建设时间	2(年)	制造产能建设时间	3(年)

---

[1] 今日头条.拆解零部件的"第二生命":千亿级再制造市场如何破局? [EB/OL]. 河南万国环保科技有限公司官网,(2025-04-14)[2025-04-30]. http://www.wanguohb.com/news/show-1398.html.

续表

参数名	说明	参数名	说明
再造产能投入敏感系数	1×10^{-6}	制造产能投入敏感系数	1.8×10^{-6}

二、闭环供应链双渠道的分级契约仿真分析

将相关参数代入模型,对分级协同的双渠道闭环供应链系统的关键参数进行定量分析,本节具体将从分级回收下的绿色生产契约、收入分成契约、成本分担契约以及线上线下市场份额四方面对系统的影响展开分析,依据模型仿真结果预测闭环供应链系统的长期表现。

(一)分级回收下的绿色生产契约的影响分析

闭环供应链双渠道的分级契约模型仿真从 2015 年开始,未来 50 年间,不同分级回收下的绿色生产契约下生产商收益的变化趋势,如图 6.13 所示。生产商收益受新件收益、再制造收益、产能扩大投资以及回收投资变化的影响,而呈现出波动上升趋势。

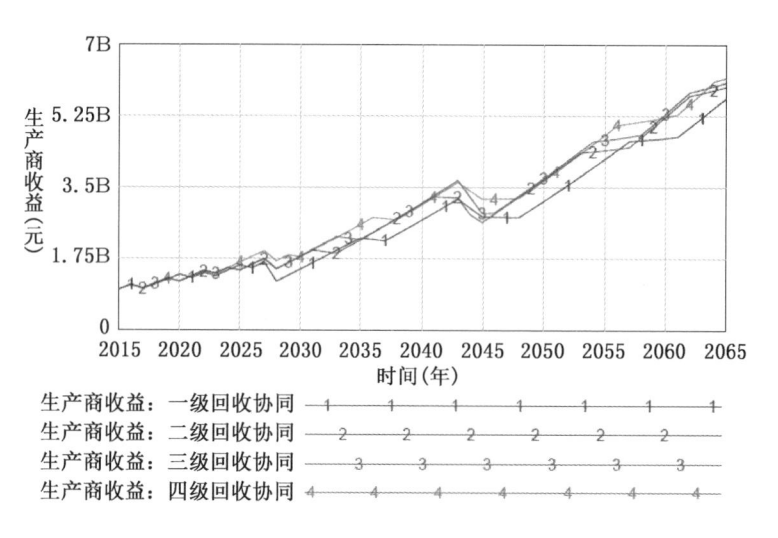

图 6.13 2015—2065 年不同分级回收下的绿色生产契约下的生产商收益变化比较图

选取一级、二级、三级、四级回收契约,可以发现生产商收益随着回收分级数的增加而增加,但由回收分级而产生的生产商收益增加的幅度随着分级数的增

加而减小,比如:二级回收契约下的生产商收益明显优于一级回收契约下的表现;而三级回收契约下的生产商收益的提升就没有那么明显了。

由于分级回收下的绿色生产契约不同对生产商收益带来的影响,随着时间的推移越来越明显,在仿真初期,尤其是 2015—2025 年的十年间,分级回收下的绿色生产契约不同对生产商收益的影响并不明显(见图 6.13)。

闭环供应链双渠道中,由不同分级回收下的绿色生产契约产生的对生产商收益的影响,主要来源之一是再制造收益增加的差异,如图 6.14 所示。分级回收相较一级回收优势明显,但并不是分级数越多越好,四级回收契约下的再制造收益增加的表现不及三级回收契约下的表现,这亦吻合了本章第二节的观点。

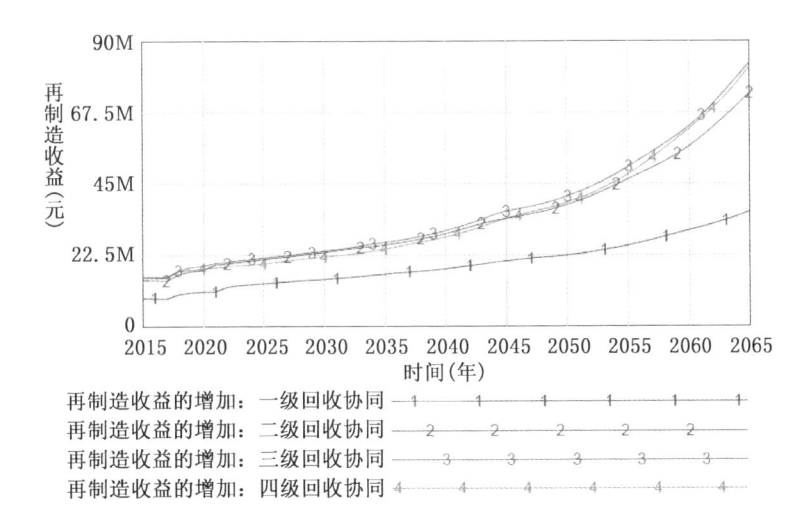

图 6.14 2015—2065 年不同分级回收下的绿色生产契约下再制造收益增加的变化比较图

在闭环供应链系统中,生产商收益的主要来源是新件收益的增加,相对来说再制造收益的增加影响较弱,加之来自回收投入与产能扩大决策的调整,生产商收益整体在四级回收契约下的表现更好。

(二)收入分成契约的影响分析

在双渠道闭环供应链系统中,生产商与服务商会达成收益共享契约,生产商将分享线上销售收入给服务商,以便激励服务商提供更好的渠道服务。本部分选取销售收入分成比例分别为 0%、15%、30%、45%、60% 的五种情况,分别进行系统仿真后汇总开展对比分析。

由图 6.15 可知,生产商作为闭环供应链中的主导方来决定销售收入分成比例,相较不给予服务商收入分成的情况,分成比例为15%时的生产商收益有所改善,这主要得益于对服务商的激励作用。当服务商愿意提供更好的渠道服务时,正向渠道服务有利于线下产品的销售,而逆向渠道服务有利于旧件回收,这都将进一步提高整个闭环供应链的效益。但生产商付出的收入分成并不是越高越好,随着分成比例的提高,其带来的收益增加并不能弥补放弃部分收入分成而产生的成本支出,在仿真模型中,随着收入分成比例取值 30%、45%、60%,对应的生产商收益越来越低。因此,生产商将会选择一个合理的收入分成比例,既能够激励服务商,又能够保证自身收益的提升。

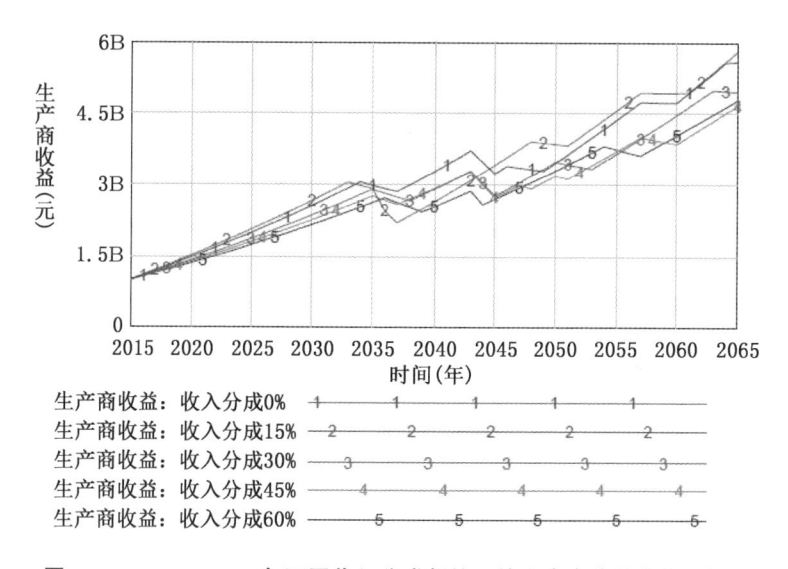

图 6.15 2015—2065 年不同收入分成契约下的生产商收益变化比较图

接下来,我们观察一下闭环供应链中的另一主体——服务商。服务商借助收益共享契约从生产商处获得其销售收入的分成,随着收入分成比例的提高,服务商收益亦随之增加,并且随着时间的推移,其影响越来越明显,如图 6.16 所示。由收入分享比例而为服务商带来的红利会随着时间而不断累加,收入分成比例越高,服务商收益随时间增加的幅度会越明显。因此,对于服务商来说,销售收入分成比例越高越好。

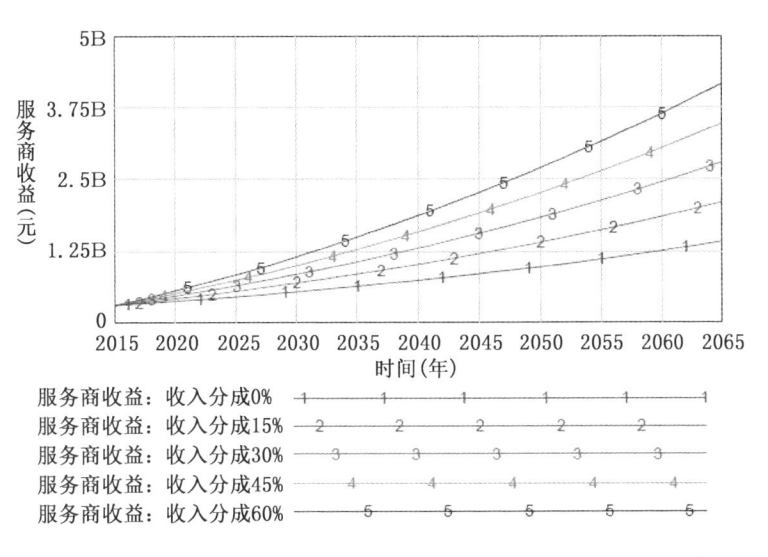

图 6.16　2015—2065 年不同收入分成契约下的服务商收益变化比较图

(三)成本分担契约的影响分析

在双渠道闭环供应链系统中,生产商考虑到服务商的正逆向渠道主要服务于新品销售、维修以及旧件回收,愿意分担部分渠道投资成本,与服务商达成成本分担契约。本部分选取渠道成本分担比例分别为 0%、20%、40%、60% 的四种情况分别进行系统仿真,然后汇总开展对比分析。

随着生产商分担渠道投资比例的提升,对服务商的渠道建设有良好的激励作用,相应的逆向渠道服务水平的提升,使得废旧产品回收数量增加。但是,当生产商承担过多的渠道投资成本的情况下,生产商收益会受到影响,回收投入受影响,进而对回收数量带来负影响,这种影响随着时间推移会更加明显。渠道成本分担契约对回收数量的长期影响如图 6.17 所示。

对生产商来说,随着生产商分担渠道投资比例的提升,再制造收益增加呈现阶段性复杂表现,如图 6.18 所示。从 2015 年到 2045 年期间,渠道投资分担比例越高,回收数量的影响占主导,再制造收益增加越明显。从 2045 年到 2060 年,由于高额的成本分担比例会影响生产商收益,进而影响生产商的回收投入,综合影响下个比例成本分担的优势削弱,成本分担比例为 40% 的策略占优。同样,从 2060 年至 2065 年,这种趋势得以延续,在成本分担比例为 20% 的情况下,再制造收益增加的表现最好。

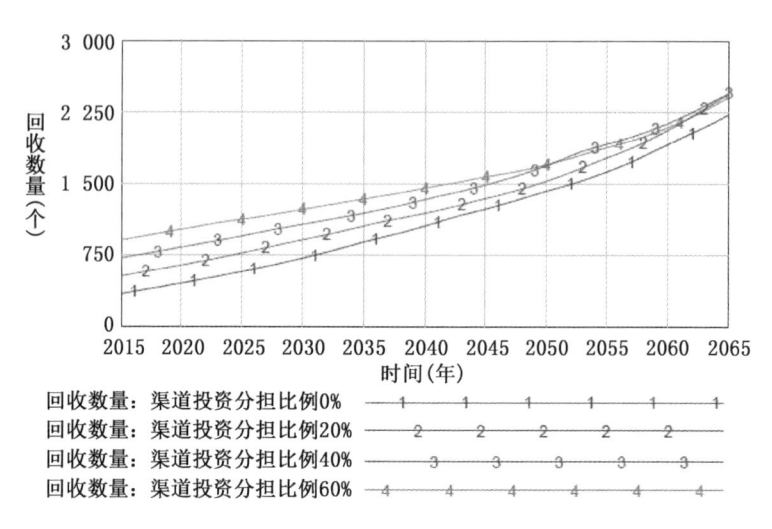

图 6.17　2015—2065 年不同成本分担契约下的回收数量变化比较图

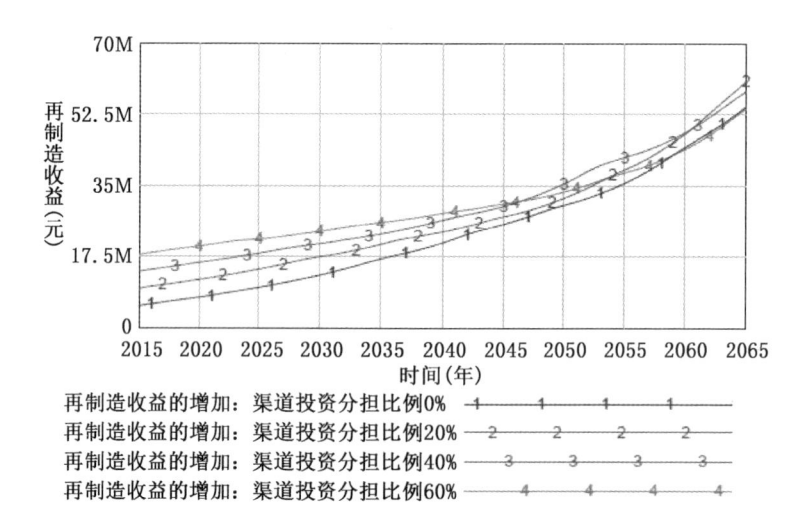

图 6.18　2015—2065 年不同成本分担契约下的再制造收益增加的变化比较图

不同渠道成本分担契约对生产商的制造产能扩大决策与再制造产能扩大决策也会带来影响。生产商对成本分担比例的提高,会激励服务商提高渠道服务,正向渠道服务的提升有利于扩大产品销售市场,随着时间的推移会较早做出制造产能扩大的决策,如图 6.19 所示。由于制造产能的扩大决策会受到生产商收益表现的约束,因而过高的成本分担比例对制造产能扩大具有负影响,成本分担比例60%情景下的制造产能扩大表现不及成本分担比例40%情景下的表现,就是因为这个原因。同样,对于生产商再制造产能决策的影响类似,如图6.20所示。

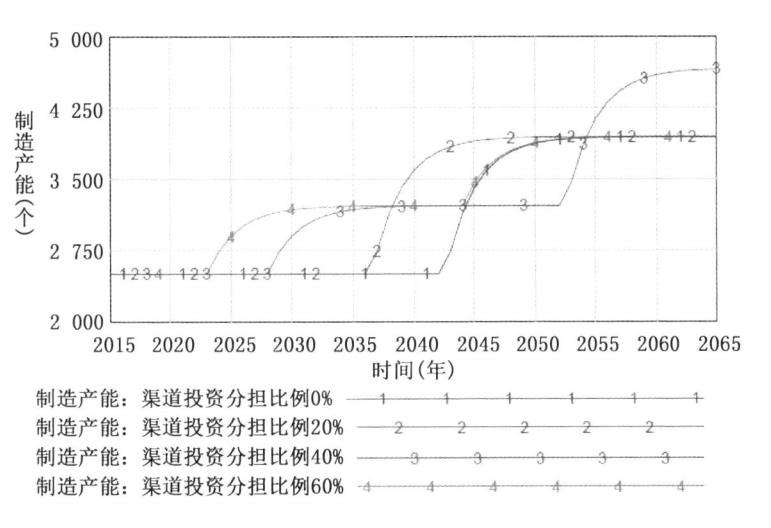

图6.19 2015—2065年不同成本分担契约下的制造产能变化比较图

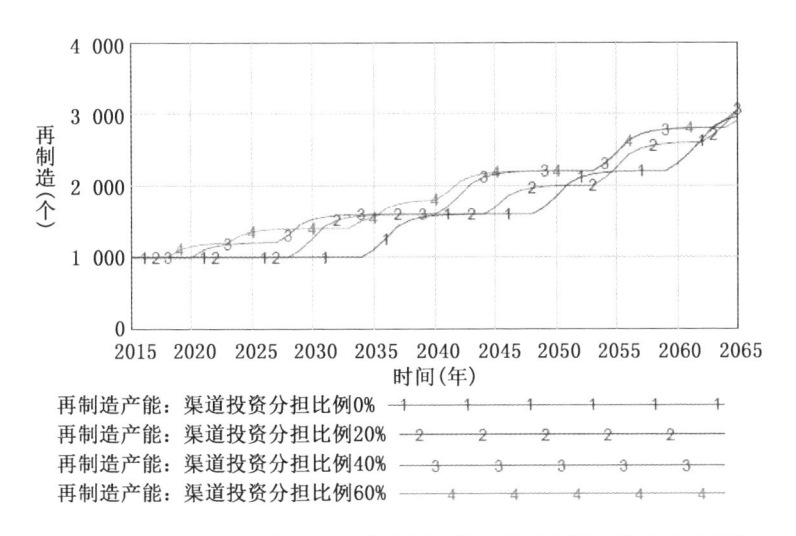

图6.20 2015—2065年不同成本分担契约下的再制造产能变化比较图

通过上述分析,可以发现:生产商收益受不同成本分担契约的影响比较复杂,随时间的推移,其仿真结果呈现出阶段性特征,如图6.21所示。在仿真初期,成本分担契约的影响并不明显,渠道投资分担比例为 20% 的契约呈现出微弱优势;从 2027 年到 2042 年的仿真中期,不进行渠道成本分担似乎对生产商更有利,但进一步观察可以发现,采用成本分担契约的情况下,生产商会在这一阶段扩大产能,以便在未来呈现更好的增长;从 2043 年到 2052 年的这一阶段,分担比例为 40% 的契约对生产商收益更为有利;而 2052 年到 2065 年期间,分担比例为 20% 的契约下生产商收益表现更好。

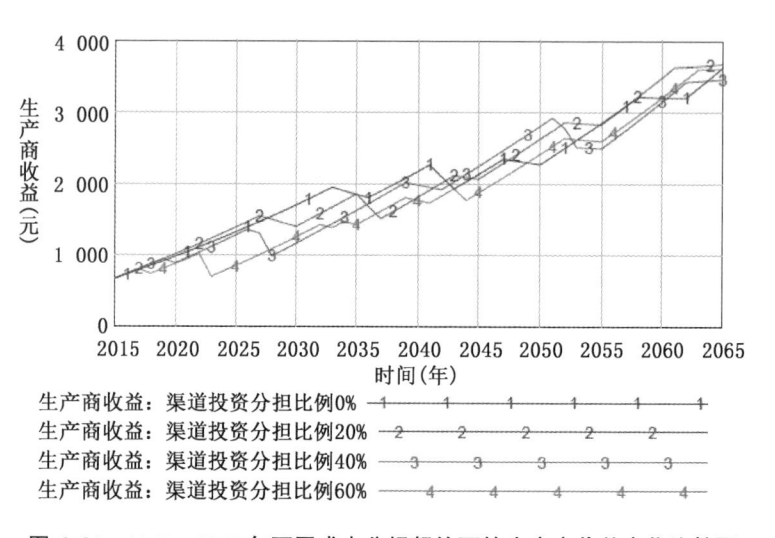

图 6.21 2015—2065 年不同成本分担契约下的生产商收益变化比较图

服务商在闭环供应链中借助正向渠道和逆向渠道,实现线下产品销售、旧件回收,双渠道的投资建设是必不可少的。生产商对于渠道投资的分担将对服务商收益带来影响,如图 6.22 所示。若生产商不对渠道投资给予分担,服务商没有动力加大渠道建设的投入,只是完成线下产品销售,服务商收益较高。当生产商分担部分渠道投资时,服务商也会更加关注渠道服务,其直接收益会受到一定影响,而随着分担比例的提高,服务商收益也会逐步提升,如图 6.22 所示。

(四)线上线下互补策略的分析

在互联网日益发达的今天,生产商可以通过线上渠道网络来展示、销售产品,亦可以借助传统的线下渠道,线上线下双渠道模式被越来越多地应用起来,渠道优势得以体现,更好地服务市场。线上线下销售的比例应该如何选择?这种份额的调整会对整个闭环供应链系统带来怎样的变化呢?针对这个疑问,本部分选取线上市场份额分别为 0%、40%、80% 的三种情况,对不同线上市场份

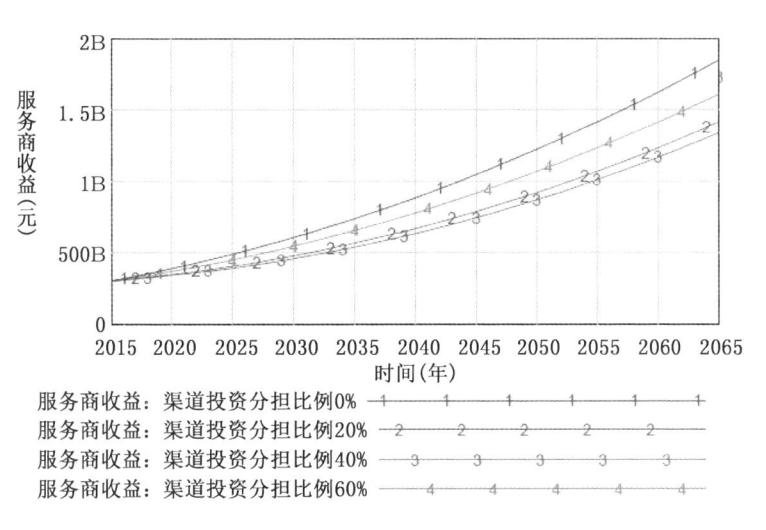

图 6.22　2015—2065 年不同成本分担契约下的服务商收益变化比较图

额情景下的双渠道闭环供应链系统分别展开仿真,然后汇总开展对比分析。

在双渠道闭环供应链中,受线上市场份额直接影响的是线上销售收益和线下销售收益。随着线上市场份额的提高,对线上销售收益带来明显的正向影响,比如:线上市场份额 80% 时的线上销售收益会达到线上市场份额 40% 时的 1.5 倍左右。在整个仿真期间,随着时间的推移,线上市场份额增加对线上销售收益的影响越来越明显,如图 6.23 所示。

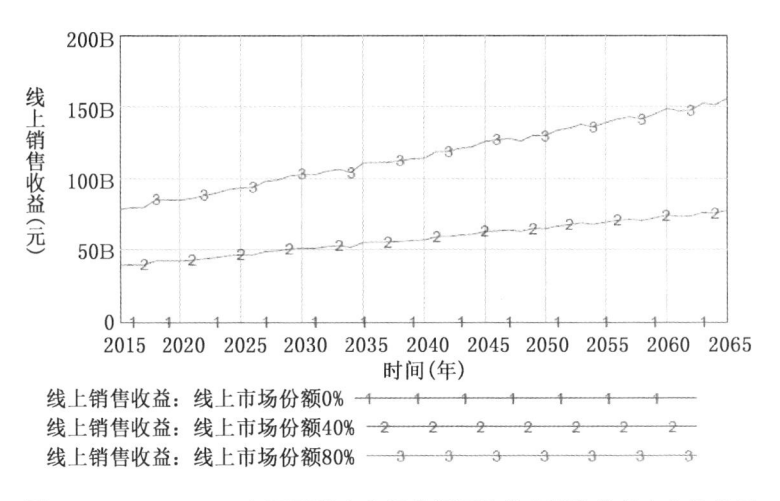

图 6.23　2015—2065 年不同线上市场份额下的线上销售收益变化比较图

141

接下来,我们借助仿真数据来分析线上市场份额对线下销售收益的影响情况。随着线上市场份额的提高,线下市场份额会减少,对线下销售收益带来明显的负向影响。在整个仿真期间,随着时间的推移,线上市场份额增加对线下销售收益的影响越来越明显,如图 6.24 所示。

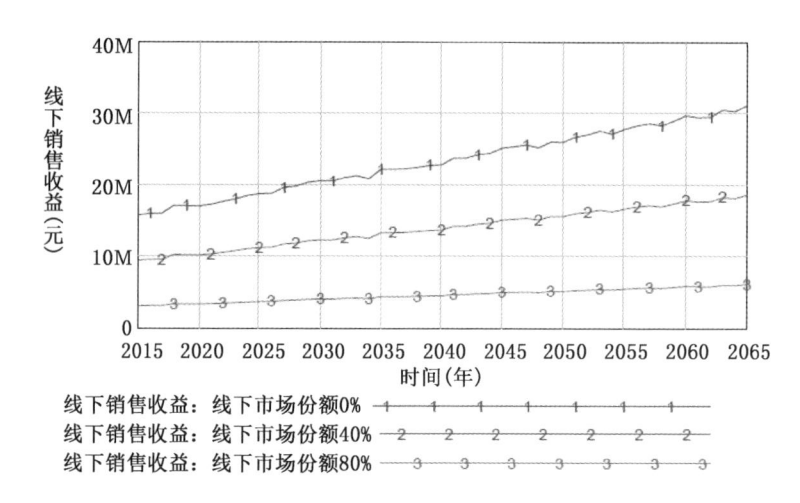

图 6.24 2015—2065 年不同线上市场份额下的线下销售收益变化比较图

随着线上市场份额的增加,生产商收益会有小幅的增加,如图 6.25 所示。这是线上销售收入、批发收益、再制造收益以及回收、产能扩大投入等因素综合影响的结果。

对于服务商来说,线上市场份额的增加对应线下销售市场份额的减少,会影响其主要收益来源——线下销售收益,对服务商收益整体带来负影响。随着时间的推移,由仿真结果可以看出,这种影响会越来越显著。

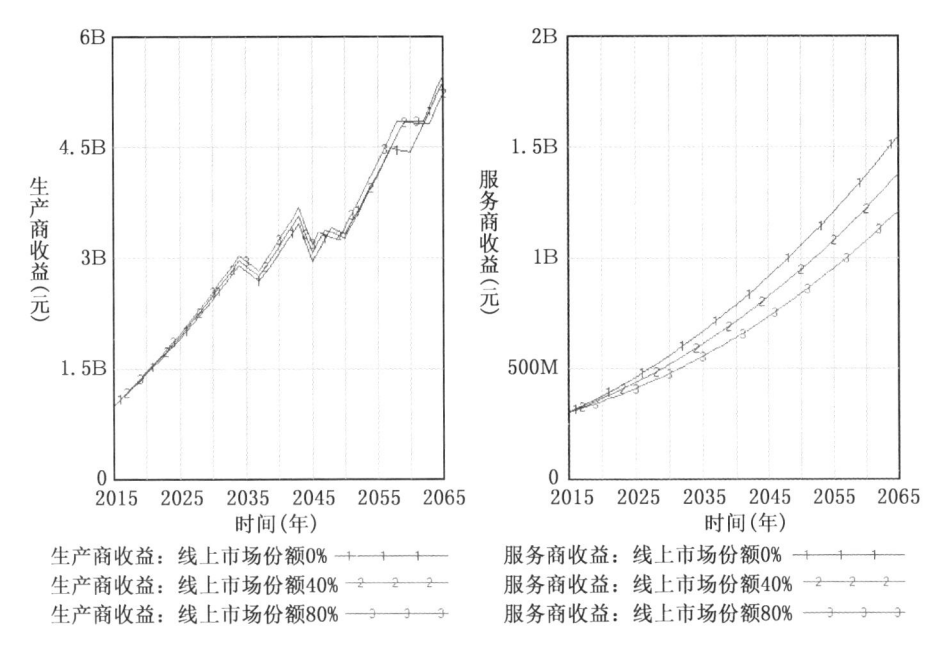

图 6.25　2015—2065 年不同线上市场份额下的生产商、服务商收益变化图

本章小结

在实践中,闭环供应链的回收再制造活动面临着更为多变的环境与复杂的成员关系。本章以潍柴动力(潍坊)再制造有限公司发动机的生产与回收再制造为背景,通过调研访谈,在了解潍柴动力(潍坊)再制造有限公司基本情况、产品类型、回收渠道以及渠道服务的基础上,尝试研究分级回收下的绿色生产契约的表现。借助构建系统动力学模型,比较未来五十年间的不同分级回收下的绿色生产契约下的再制造商收益、再制造产能、回收质量的表现,并针对模型的关键影响因素——检测成本、回收质量特征、再制造率逐一展开分析。

在上述研究的基础上,进一步思考再制造产能利用的问题。在互联网的背景下,本章尝试构建了再制造产能分享的系统动力学模型,在与传统再制造模型对比分析的基础上,观察产能分享对再制造收益、再制造成本、产能扩大决策以及再制造收益构成的影响,认为再制造产能的分享能够促进回收再制造系统更快进入良性发展阶段,并获得更多的收益回报。

第七章 绿色发展理念下的闭环供应链管理策略建议

第一节 闭环供应链分级回收策略建议

一、制定科学的回收分级标准

依据闭环供应链分级回收再制造的模型研究,结合再制造企业调研的现实背景以及前文对分级回收下的绿色生产契约的相关理论研究与仿真分析,提出以下建议:

(一)加强初检工作,确定分级标准

回收质量分级数既要考虑再制造工艺的分类,也要考虑分级的成本和分级的可行性,分级所依据的质量特征应该是再制造商所关注的、影响再制造成本的质量特征。分级回收下的绿色生产契约能够优化废旧产品的质量结构,使得再制造工艺按分级标准批量设计,有利于节省再制造成本、提高再制造率,但同时检测分类成本与物流监管、仓储成本都会增加。只有基于合理分级回收设计的绿色生产契约,才能促进回收再制造系统的良性运转。

(二)利用分级回收,降低交易成本

相对于新产品,在废旧产品回收再制造环节上,由于交易双方存在较严重的有限理性和机会主义行为,使得交易成本过高,限制了废旧产品的回收再制造活动。而废旧产品的质量分级标准界定了不同等级废旧产品的质量范围,实现了废旧产品质量信息在回收交易中的有效传递,相应的分级回收产品价格信号也更能发挥资源配置的功能,回收环节的交易成本得以降低。不同级别废旧产品的价格信号,可以有效调节废旧产品回收市场供求,降低交易双方决策的不确定性,减少信息搜集成本,提高废旧产品的回收效率。

(三)分级回收引导消费者角色转换

分级回收下的绿色生产契约借助不同"质量-价格"包的"自我选择"机制,使拥有高质量废旧产品的消费者有动力去接受产品质量检验或者提供产品质量证明;"优质优价"的分级回收标准能够削减消费者和再制造商之间关于废旧产品质量的信息不对称,促使消费者改进使用习惯。

二、提高产品性能与再制造率

通过重新使用、修理、恢复旧件(结束其第一段生命周期的产品),再制造将生产零件所需的原材料最少化,捕捉了原零件制造过程中被赋予的价值。再制造工艺关注旧件检测与修复,较使用原材料全新制造产品的生产制造工艺简单,有良好的时间效益。通过再制造路径,延长现有产品的使用生命周期,如图 7.1 所示。在引入再制造的闭环供应链中,产品通过资源消耗、零部件加工组装为新产品进入市场,经历消费者的使用、定期保养维修,在使用寿命终结时,部分旧件返回并进入再制造生命周期中,经历清洗、再制造工艺、再造品检测后,以再造品的身份重新进入市场,使产品的全生命周期转换为"资源-产品-废旧产品-再制造产品"的多生命周期循环。

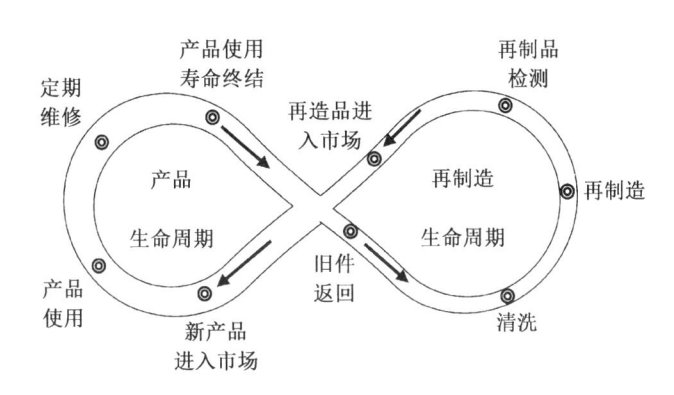

图 7.1 产品生命周期与再制造生命周期

汽车产品技术的更新换代与性能的提升,能够提高汽车产品本身质量,进而提升旧件的回收质量品质。在分级回收再制造中,有利于提升高级别旧件回收质量的比例与数量。同时,再制造技术是进行废弃零部件质量恢复、产品性能升级的关键,制造商要关注再制造技术的发展,形成系统、持续的再制造技术支持体系,在政府、科研院校与再制造企业合作模式下,促进再制造技术的突破。

第二节　闭环供应链产能分享策略建议

一、互联网时代特征与再制造产能现状

(一)互联网时代的特征

随着互联网时代的到来,国内分享领域迅速拓展,在服务业乃至制造业的应用越来越广泛,平台企业和投资分享经济领域的机构数量不断增加。2015年,发展分享经济首次出现在国家的正式文件中,同年中国分享经济的市场规模达到19 560亿元,主要集中在金融、生活服务、交通出行、生产能力、知识技能、房屋短租等六大领域,在生产领域也出现沈阳机床厂I5智能平台、阿里巴巴淘工厂、易科学等。再制造系统面临的困局是否有可能在分享经济下得以破解?"分享经济"作为一种新的商业模式,基于第三方共享平台的信息传递与交易,为回收再制造系统的变革带来机遇。过剩的再制造产能与闲置的废旧产品资源形成"产品供给池",借助第三方共享平台将这些分散、碎片化状态的可回收再制造资源整合,同时将过剩闲置的再制造产能作为交易资源唤醒,在消化过剩产能的同时,开发新的再制造产品市场。

(二)再制造产能的现状

一方面,随着再制造技术的发展、国家的政策支持,再制造企业快速发展,再制造产能也出现较大的增长。以潍柴动力(潍坊)再制造有限公司为例,潍柴动力(潍坊)再制造有限公司年拆解发动机3万台,关键零部件再利用率超90%,形成"旧件回收-清洗检测-再制造-销售"闭环,年节约钢材3万吨。潍柴动力(潍坊)再制造有限公司通过引入先进技术与设备,如采用等离子喷涂技术修复缸体,提升再制造生产效率与产能[1]。

另一方面,再制造企业却一直面临着旧件回收难题,回收质量与回收数量的

---

[1] 机械制造大拿,潍柴动力-山东[EB/OL]. 渊博Know,(2025-04-12)[2025-05-18]. https://m.toutiao.com/group/7492227262184423975/? upstream_biz=doubao.

不确定使得产能利用率不高。回收数量少与回收时间不确定使得再制造活动忙闲不均,再制造产能并未得到充分利用。

二、搭建第三方的共享平台

分享经济下的回收再制造系统发展呈现出明显的发展阶段,随着社会分享再制造需求的增加,分享经济模式的优势凸显,因此第三方共享平台的构建很关键,平台借助云计算、大数据以及物联网等互联网技术能量的支撑,打破时间、空间、信息的三维约束,实现闲置再制造产能的分享。

分享经济模式下,依托第三方共享平台,回收再制造商可以将闲置再制造产能直接分享给最终用户,打破了渠道与组织依赖;可供回收再制造资源持有者进入参与门槛更低,交易参与方能够实现点对点的直接接触、重塑信任关系,缓解市场参与者信息不对称状态,推动回收再制造供求交易的匹配与再制造产能的分享。第三方共享平台通过提供再制造需求方与供给方的信息,实现快速匹配,在填补潜在再制造需求的同时,提高再制造产能利用率。

分享经济不同于租赁经济,产能分享必须依托第三方平台,由交易双方直接撮合完成,而不是依靠契约形式。再制造商可以借鉴沈阳机床厂 I5 智能平台、阿里巴巴淘工厂、易科学等平台的经验,构建再制造产能分享平台。

三、产能分享实现链条共赢

合理的分享共赢模式是保障再制造产能分享发展的必要条件,再制造商可以控制产能分享的定价,更多地让利给消费者。对于再制造商而言,一方面,分享模式下的再制造活动不需要负责废旧产品的回收与再制造品的销售,仅仅是依据客户需求提供再制造产能服务;另一方面,过剩产能的开放、分享,有利于提高产能利用率,降低产能维护成本,并通过再制造规模的扩大而降低单位再制造成本。因此,再制造商有条件实现低价格的再制造产能分享。对于有再制造需求的消费者而言,通过第三方平台选择满足要求的再制造产能加以利用,实现轻资产运作,减少运营成本,以较低的成本满足再制造需求,保障了自身利益。

在分享经济模式下,再制造生产线通过虚拟化运作实现产能分享:传统再制造活动期间承担相应的成本与费用,而在闲暇时间借助第三方平台分享产能,获取静态收益。再制造产能因废旧产品回收流的不确定而出现阶段性过剩闲置,将这些碎片化的闲置产能整合利用。

从短期来看,分享剩余再制造产能,有利于提高再制造产能的利用率、减少单位再制造产能的维护成本;随着再制造规模的扩大,实现规模效应,降低单位再制造成本。同时,再制造产能分享使得社会的再制造产能需求被激发,有再制造需求的个人或组织能够借助第三方平台了解被分享的再制造产能信息,并为己所用,实现轻资产的运营。再制造商在降低各类成本的同时,获取产能分享的增量收益。

从长期来看,再制造商需要面对再制造产能的决策,即在什么时间、投入多少、完成多少产能扩大等方面的决策,需要兼顾再制造产能利用率、再制造收益、产能投入成本、未来再制造需求预期等诸多因素。由于再制造产能的扩大具有规模约束,每次扩大都是以车间或者再制造流水线为单位的,因此,在产能扩大的初期,产能利用率不高,当考虑再制造产能分享后,来自社会的产能需求被一并考虑,有效缓解了产能利用率间断性偏低的情况。

四、柔性化智能化的再制造

回收再制造系统产能分享的推进,产能扩大与投资决策的实施,倒逼再制造商加强对再制造的柔性化、智能化研发,关注智能诊断、特征编程、再制造仿真、实时监控、远程维护等功能,将传统的再制造生产线向提供"智能再制造单元+工艺管理系统+工业互联网+金融"的智能化应用转变,实现从传统再制造商向再制造服务提供商的转型,并借助互联网的智能终端,实现对再制造活动的操作、维护和管理的智能化。

在分享经济环境中,人们越来越接受通过取得使用权的方式进行消费,更关注能够获得多大的使用价值。智能化再制造使得闲置的再制造产能的使用更容易被分享,推进再制造产能的合理化布局,使再制造产能有可能实现按使用时间或创造价值收费,实现创新的商业模式、管理模式和盈利模式,推动再制造行业的转型升级。

产能分享需要对回收再制造系统的结构进行调整:再制造商部分业务可以通过第三方平台直接向需求方提供再制造服务或产品,削减了再制造商对于中介方的依赖;以互联网为代表的第三方平台作为新的中介方进入回收再制造系统,有利于再制造商更加广泛地接触需求方。回收再制造系统将回收、再制造、物流等诸多环节融入分享经济模式,通过第三方平台,形成产业生态圈,提高再制造产能的利用效率、减少再制造运营成本,实现增量利益与用户分享。

从产业链的视觉观察,新的回收再制造系统结构打破了最初的废旧产品供给者到再制造商的价值和信息传递的单向传输;加强信息公开与共享,避免因环节的烦琐与信息的不对称而带来的交易效率低下。

五、提升消费者回收参与度

分享经济下的回收再制造系统会经历分享初期、稳步发展、快速发展三个阶段,为促进分享经济模式的推广与发展,很重要的是要引导消费者实现角色转换,使消费者从废旧产品提供者变成再制造运营的参与者与使用者。引导消费者在产品使用过程中更加关注产品维护与再制造周期保养,随着分享模式的推进,借助第三方平台将消费者使用行为纳入回收再制造系统中,甚至将保养、维护、分类等环节交由消费者完成。分享经济下的回收再制造参与者的角色定位冲击了既有回收再制造系统的主体关系,消费者的角色转换有效地支持了再制造产能分享的推广,使回收再制造系统呈现出更为开放、融合、协作的特征。

第三节 闭环供应链线上线下互补策略

一、政府有效的政策引导与宣传

闭环供应链的良好运转需要政府政策的支持,政策层面积极推进回收再制造理念;对企业采取有效的激励措施促进再制造产品需求市场的发展。

(一)建立健全的法律法规和管理机制

尽快出台各类废旧产品回收处理的专项工作细则和法律法规,相关部门要加强执法监督管理。通过建立奖惩制度,对规范再制造企业予以激励,对违规回收主体加大惩罚力度。

(二)加大对正规企业的政策扶持力度

对正规企业在融资方面给予政策倾斜,加大减税、免税力度,加快拆解补贴的更新速度,促使其较快进入盈利阶段。

(三)加强引导和管理非正规回收企业

非正规回收企业在废旧产品回收中扮演着重要角色,可以考虑对旧件回收实行资格许可制度。考虑小商贩等非正规回收企业分布广泛和回收便利的优势,引导其将回收的旧件交由正规企业集中处理,借助正规企业先进的再制造工艺与产能,实现优势互补。

二、闭环供应链路径的整体设计

(一)路径一体化设计

闭环供应链拓展了传统供应链的范围,涉及原料商、零部件商、汽车生产商、销售服务商、消费者、回收服务商、拆解服务商、政府等参与主体。要保障闭环供应链的持续发展,实现环境效益与经济效益的兼顾,需要从不同层次对路径展开整体设计,包括提高产品效率和性能、资源再利用、零部件再制造、废弃物排放削减以及无害化处理等诸多方面,如图 7.2 所示。通过对闭环供应链路径的整体设计,有利于其整体效率与效益的提升。

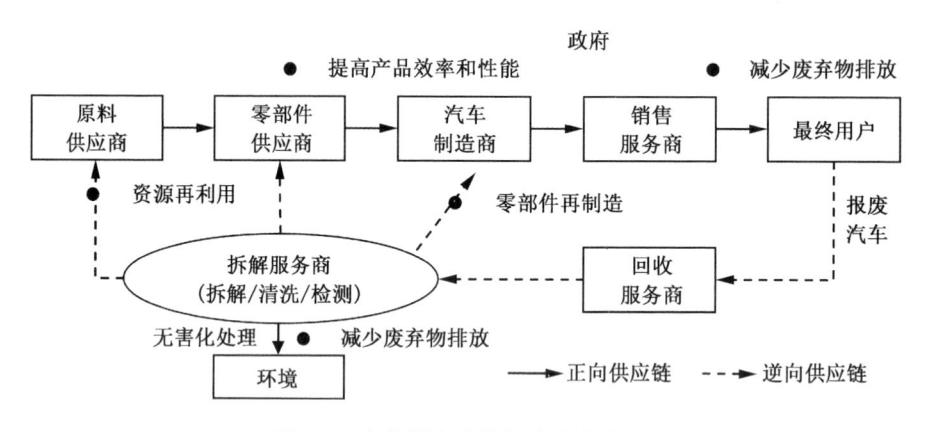

图 7.2 汽车供应链的低碳价值链分析

(二)协调机制的构建

闭环供应链中的参与者包括政府、企业和消费者,其中企业又涉及供应商、生产商、分销商、服务商和回收商。本书假设在政府的规制与政策下开展,并通过对回收价格与渠道服务水平的调节来影响消费者的旧件供应意愿。

闭环供应链中的企业承担链条中主要工作的组织,生产商负责制造新产品、再制造旧件、部分产品销售、旧件回收等多项活动;服务商负责线上旧件回收、线下产品销售以及正逆向渠道服务等多项活动。为实现整个闭环供应链的高效运作,需要加强生产商与服务商之间的协调,构建"收入分享、成本分担"的长期机制,以保障系统的持续发展。

三、加强闭环供应链的渠道建设

(一)提升渠道服务水平

闭环供应链发展中,需要提升渠道服务水平。正向渠道服务水平的提升,有利于增加新产品销售量,实现再制造产品销售稳步增长,提高客户满意度并提升企业美誉度。

潜在的可供再制造的废旧产品来源充足,但是大量的旧件并没有流入正规的回收再制造企业,出现了"有市场,没有旧机"的怪象,直接影响了再制造的规模与再制造企业的发展。究其原因,主要是废旧产品回收主渠道受阻问题。逆向渠道服务水平的提升,能够有效缓解这个问题。

企业可以考虑发展"骨干营销网络渠道"主线,不断加强营销网络渠道服务建设,稳步提升营销网络渠道服务质量。

在互联网时代,依据客户偏好,推出微信公众营销平台,推送关于产品、企业以及与产品相关的各类知识信息,提供增值服务,增强用户认可度,吸引更多的潜在客户。

(二)开拓渠道网络布局

在渠道建设方面,考虑进一步拓展销售渠道网络布局,增加扩大市场份额;加强废旧产品回收体系建设,拓宽回收渠道,增加旧件回收比率。

在销售渠道网络布局方面,首先,将成熟地区现有的渠道网络做细、做精,注重发展独立经销网络;另外,通过对销售渠道成员覆盖能力评价,针对性地开展"盲区"的网点建设;同时,考虑"增补、提升、分化、淘汰"一体化策略对销售渠道网络优化提升,完善功能与服务。

根据统计数据显示,电子电器类产品经由正规企业回收处理的利率1/4,更多的或者作为普通垃圾处理,或者被个体小商贩和小作坊回收简单翻新。因此,在回收渠道网络布局方面,一方面,考虑发挥社区作用,开展专项回收,仿照旧衣回收站的模式在社区推行电子垃圾类废旧产品的回收站,由社区进行统一集中回收,并及时交付至正规回收站或者专业的拆解企业;另一方面,拓宽正规企业回收网络,考虑发展"互联网+"的回收模式和回收平台,打通线上回收和线下处置环节,实现科学回收和智能管理。

(三)搭建线上营销平台

在互联网背景下,闭环供应链中的生产商考虑搭建线上营销平台,一方面,对产品开放线上选购,另一方面,也拓宽正规企业回收网络,发展"互联网+"的回收模式和O2O回收平台,打通线上回收和线下取件环节,实现科学回收和智能管理。

在实践中,很多再制造企业通过中国零部件再生交易网(二手熊猫网)委托交易,来建立再制造产业发展的支撑体系,通过互联网和电商的运用是未来零部件回收与产品销售的必然趋势。随着平台的积累发展与回收模式的转换,资源的匹配交易也会提高。

第四节 闭环供应链分级契约策略建议

一、线上线下互补与协调

双渠道闭环供应链中,生产商作为主导方负责线上产品销售,并把产品批发给服务商进行线下销售。产品线上销售的渠道成本低,能够满足部分消费者的消费习惯;而线下销售通过服务商依靠销售渠道进行,线下的实体销售以及销售渠道的搭建有利于实现对消费者的服务,使消费者能够体验购买且有利于开展产品的维修维护服务。考虑到回收再制造业务,线下渠道的搭建也有利于旧件的渠道回收。

线上渠道与线下渠道相结合的双渠道模式的运行,应该关注线上与线下的互补与协调。由前面章节的分析可以发现:线上市场份额的比例应该控制在一个合理的范围内,不能过高,也不能过低,只有这样才能够充分提高闭环供应链的效率,从而提高顾客的对消费者的服务水平。生产商作为核心企业,应该制定一定的契约机制,避免线上渠道和线下渠道之间的冲突,达到双渠道闭环供应链节点企业的共赢目标,实现线上线下渠道的互补和闭环供应链的协调。

二、分级回收下的绿色生产契约的制定

在双渠道闭环供应链中,分级回收下的绿色生产契约能够减少逆向选择的

风险,提高旧件回收的效率水平,从而降低生产商的再制造成本。然而,随着分级契约下分级数的增加,旧件检测成本会以更快的速度增加。分级契约的制定除了旧件检测成本,还会受到回收数量、逆向渠道服务水平、渠道投资、转移支付率等诸多因素的影响。

分级回收下的绿色生产契约由生产商制定,需要考虑其对闭环供应链系统的长期影响,在考虑各因素作用的前提下,选择合适的分级回收下的绿色生产契约,以便在提高回收质量与回收数量的同时,降低再造成本与回收成本,实现整个闭环供应链效率与效益的优化。

三、收入分成契约的制定

双渠道闭环供应链中,生产商为了激励服务商提供更好的正向、逆向渠道服务,促进产品市场销售、加大旧件回收力度、树立品牌形象,有必要制定收入分成契约。生产商通过将销售收入分成给服务商,激励服务商有意愿通过渠道建设提升生产商收益,从而获得更多的分成收入。

较高的销售收入分成也会牺牲一部分的生产商利润,生产商在制定收益分成契约的时候,需要权衡来自正向、负向的影响力作用,选择合理的收入分成比例,并可以随着时间推移,对收入分成比例进行周期性调整。

四、成本分担契约的制定

线下服务商作为双渠道供应链的主体之一,提供产品配送、产品维护以及退换货等正向渠道服务,同时作为旧件回收渠道负责废旧产品的回收工作,提供旧件检测、分级等逆向渠道服务。渠道投入成本如果能够获得更多的分担,则服务商的正向和逆向服务水平都能够进行相应的提高。

由于生产商通过制定渠道成本分担契约,对线下服务商具有正向的激励作用,促使线下服务商提高其服务水平,但同样这些行为也会牺牲一部分的生产商利润为代价。因此,生产商应该制定合理的渠道投资成本分担比例从而使得其利润达到最大,并且随着闭环供应链的运行情况以及服务商的表现适时地进行周期性的调整。

本章小结

闭环供应链回收再制造需要政府有效的政策引导与宣传，在建立健全的法律法规和管理机制的基础上，加大对正规企业的政策扶持力度，并注意引导和管理非正规回收企业；加强闭环供应链上各参与主体的协调合作，提升渠道服务水平，推出微信公众号，为客户提供增值服务；拓展销售渠道网络布局，增加扩大市场份额；加强废旧产品回收体系建设，拓宽回收渠道，增加旧件回收比率；搭建线上营销平台，对产品开放线上选购，并打通线上回收和线下取件环节，实现科学回收和智能管理。

在实施分级回收下的绿色生产契约过程中，再制造商作为主导，需要制定科学的回收分级标准，加强初检工作，降低交易成本，引导消费者决策转变；考虑再制造产能分享，需要搭建第三方产能分享平台，使再制造商可以将闲置再制造产能分享给最终用户，打破了渠道与组织依赖，降低再制造参与门槛，缓解市场参与者信息不对称状态，推动回收再制造供求交易的匹配与再制造产能的分享。通过产能分享，实现闭环供应链上主体的共赢，探索柔性化智能化再制造，提升消费者回收再制造的参与度。产能分享对于回收再制造系统是一场变革，依托第三方平台，通过调整再制造活动来实现对存量产能的最大程度利用，这不同于传统的依靠新投入刺激经济增长的传统思路，是对现有存量产能的合理利用与高效配置。基于回收再制造系统面临的困难，以及当前分享经济模式应用的发展，该模式在一定程度上代表了未来回收再制造系统发展的方向。

第八章 总结与展望

第一节 研究结论

习近平总书记指出，"杀鸡取卵、竭泽而渔的发展方式走到了尽头，顺应自然、保护生态的绿色发展昭示着未来。"[①]推动绿色低碳发展是国际潮流所向、大势所趋，绿色经济已成为全球产业竞争制高点。加快发展方式绿色转型，就是要尽快彻底改变过去那种以牺牲生态环境为代价换取一时一地经济增长的做法，推动形成绿色发展方式，闭环供应链有利于通过旧件的回收再利用，从根本上缓解经济发展与资源环境约束的矛盾。

如何通过闭环供应链管理创新来减弱产品（含新品与再制造产品）销售市场存在不确定性与复杂性，减弱回收再制造的旧件回收过程中输入同样存在质量与数量的不确定性，来实现绿色发展理念下闭环供应链的良性运营。这些不确定性使得闭环供应链的生产决策中要考虑的因素更多，且因素间的关系更为复杂。本研究通过构建闭环供应链回收再制造的理论框架，考虑 O2O 互补性双渠道闭环供应链的绿色生产契约优化，并对回收再制造子系统展开深入分析，探讨分级回收机制下回收再制造系统的表现，在此基础上探讨一个较长时期内制造商的产能扩大决策、回收投资决策以及产能分享决策。本书主要从以下几方面开展分析：

[①] 习近平. 共谋绿色生活，共建美丽家园——在二〇一九年北京世界园艺博览会开幕式上的讲话[EB/OL]. (2019-04-29)[2025-02-01]. http://cpc.people.com.cn/nl/2019/0429/c64094-31055863.html.

一、绿色发展理念下的闭环供应链管理创新的理论框架

通过对绿色供应链、绿色转型、闭环供应链协调、回收质量分级、回收模式等相关领域文献的阅读,结合再制造企业在闭环供应链中的实践,构建绿色发展下的闭环供应链管理创新的理论框架。闭环供应链在传统供应链的基础上整合了逆向供应链的过程,既包含传统供应链中的供应、生产、配送,又包括逆向供应链中的旧件回收、逆向物流、检测与分类、产品再利用、再配送等活动。除了闭环供应链的结构与活动更为复杂外,回收数量与回收质量的不确定性、再制造产能利用等因素也使得闭环供应链的复杂程度远远高于传统供应链。通过分析闭环供应链的运作模式,了解链上相关主体及其运作流程,以便进一步探讨闭环供应链协调机制;通过分析闭环供应链的回收模式,以便在互联网背景下探索新的回收合作模式;通过分析回收再制造作业流程,以便在此基础上思索分级回收对现有作业流程的影响,思索在一个较长的时期内的再制造回收分级决策、回收投资决策、产能扩大决策以及产能分享决策。

二、闭环供应链绿色生产契约模型构建

在绿色发展下,线上制造商作为主导者,负责新品制造、旧件再制造、线上产品(含新品与再制造产品)销售以及从服务商处回收的任务;线下服务商作为跟随者,负责部分产品的线下销售、旧件回收,并负责提供正向渠道和逆向渠道的系列服务。制造商需要与服务商分享产品销售收入,并承担部分渠道投入成本,这样,服务商会更有动力开展线下产品销售与旧件回收工作,并提升正向渠道与逆向渠道的服务水平,而服务商的努力付出亦会为制造商带来更为丰厚的回报。本部分关注了正逆向渠道服务水平对闭环供应链的影响,思考了O2O模式下,制造商与服务商的协调合作机制,并将销售收入分成比例、渠道投入成本分担比例、线上线下产品销售比例、回收转移支付等因素考虑进来,使得模型更贴近企业实践。

三、绿色发展理念下的闭环系统供应链回收质量分级模型的构建

本书放松关于旧件质量的假设,充分考虑旧件回收质量、回收数量不确定的特征,探索利用回收价格机制实现回收控制,削减回收不确定性。回收机制在回收再制造系统中起到重要作用,对于目前面临的旧件供应不足问题,在扩大回收

数量的同时,更是提高了高质量废旧产品的回收供应量,进而产能得到更充分地利用。合适的分级回收机制能够回收到更多高质量的废旧产品,一定程度上缓解了回收再制造中旧件不足的问题。分级回收价格机制在一定条件下具有优势,但并不一定是分级越多越好。再制造商需要思考如何分级、如何确定分级标准、如何制定分级回收价格等问题。

四、绿色发展理念下的闭环供应链分级回收长期决策模型

本书是对之前研究的进一步深化,探讨较长时期内分级回收机制的影响。在多周期分级回收机制研究中,既要考虑分级机制对本期回收再制造系统的影响,又要观察系统在产能扩大、回收投资决策下的长期表现,分级回收机制有利于系统整体效益的提升,最优分级回收机制受回收质量分布特征、再制造成本节约曲线、检验成本等诸多因素的综合影响。本部分研究从治理机制的角度出发,分析比较了不同分级回收价格机制对再制造商收益、再制造产能、回收质量等回收再制造系统的影响,并针对模型的关键影响因素——检测成本、回收质量特征、再制造率逐一展开分析。适当的分级回收机制能够减少废旧产品回收流的不确定性,平均回收质量的提升使得再制造率得以提升,再制造成本得以有效控制,提高再制造效率与效益,有利于促进再制造产业进入良性发展轨道。

五、绿色发展理念下的闭环供应链再制造产能分享模型

绿色发展理念下,闭环供应链回收再制造系统会面临持续发展、多次产能扩大的决策。不同于原材料采购,旧件回收的不确定性使得再制造产能的忙闲不均,再制造产能闲置的情况在产能扩大之初表现尤为明显。基于对该问题的思考,绿色发展转型背景下,本部分研究构建了产能分享的回收再制造系统动力学模型,考虑来自社会的再制造产能分享需求,再制造商借助对过剩再制造产能的分享来获取分享收益。产能分享模式的引入,会促进再制造商调整产能扩大决策与回收投资决策,并对再制造系统产生影响。再制造产能的分享能够促进回收再制造系统更快进入良性发展阶段,并获得更多的收益回报。

六、绿色发展理念下的供应链闭环管理创新决策案例研究与策略建议

本书根据对上述闭环供应链回收再制造的理论框架、闭环供应链回收再制造生产决策模型、分级回收再制造以及潍柴动力发动机再制造的应用案例分析,

提出闭环供应链回收再制造的相关策略建议。政府需要建立健全的法律法规和管理机制，加大对正规企业的政策扶持力度，这是对闭环供应链持续发展的环境支持；需要加强闭环供应链的协调合作，提升渠道服务水平，拓展销售渠道网络布局，加强废旧产品回收体系建设，拓宽回收渠道，增加旧件回收比率；同时，搭建线上营销平台，对产品开放线上选购，并打通线上回收和线下取件环节，实现科学回收和智能管理；再制造商制定科学的回收分级标准，加强初检工作；依托第三方平台，通过调整再制造活动来实现对存量产能的最大程度利用。

第二节　研究展望

未来可以将本书从以下几个方面进行拓展：

一、考虑多个再制造商的情景

本书未考虑多个再制造商的情景。在未来的研究中，将考虑存在多个回收再制造商的情景，现实中同类废旧产品存在多个回收再制造企业且再制造规模与工艺存在差异，而每个再制造商回收契约选择都会受到竞争对手的影响，可以构建博弈模型展开讨论，这将会对目前的模型有所深化。

二、考虑其质量分布特征差异

本书未针对废旧产品回收质量分布特点不同而展开分情景讨论。由于回收产品所属类型不同，其旧件质量的分布可能会存在较大差异，比如：工业产品与日常消费品由于消费过程差异，其回收质量分布特征存在差异；手机与打印机也会由于产品属性不同，回收质量分布特征存在差异。未来研究中将会考虑旧件质量分布特征的差异性，采用分情景讨论的方式进行研究，并进行对比讨论，这将会影响到分级回收下的绿色生产契约中最优分级数的选择与分级点的确定。

三、"再造产能＋产品"的线上分享

本书未考虑产品的分享问题，对于耐用产品的分享在现实中已有很多案例。未来研究考虑拓展分享经济对互补性闭环供应链影响的研究，加入线上产品分

享的部分,在分享回收价格与标准信息的基础上,构建"再制造产能+产品"线上分享的闭环供应链模型。

参考文献

[1] 尹君,谢家平,杨光,张为四.基于旧件质量分级的再制造回收定价决策研究[J].人大报刊复印资料－管理科学,2022(9):60－70.

[2] 尹君,谢家平,杨光等.基于旧件质量分级的再制造回收定价决策研究[J].管理评论,2022,34(4):317－327.

[3] 孙慧,杨青,尹君.关于制定更有吸引力、更加普惠的科技人才政策建议[R].市人大常委会代表工作委员会(获市领导蒋卓庆批示),2021(54).

[4] 程贤福,周健,肖人彬等.面向绿色制造的产品模块化设计研究综述[J].中国机械工程,2020,21(11):2612－2625.

[5] 尹君,谢家平.分享经济视角下回收再制造系统动力学仿真研究[J].统计与决策,2017(9):58－61.

[6] 尹君,谢家平,刘娟.旧件分级回收再制造决策机制研究[J].上海管理科学,2017,39(3):22－29.

[7] 杨光,尹君,谢家平.服务业供给侧结构性改革对策研究[J].管理现代化,2017,37(4):8－10.

[8] 尹君,谢家平.汽车闭环供应链零部件回收组织模式研究[J].现代管理科学,2014(9):36－38.

[9] 尹君,刘娟.汽车供应链低碳化路径探析[J].生态经济,2014,30(11):57－60.

[10] 谢家平,尹君,陈荣秋.基于系统动力学仿真的废旧产品回收处理效益分析[J].系统工程,2008(1):68－74.

[11] 袁开福,吴光强,何波等.碳交易下考虑质量升级的再制造供应链定价[J].计算机集成制造系统,2022,28(5):1586－1602.DOI:10.13196/j.cims.2022.05.027.

[12] 韩小花,周维浪,沈莹等."以旧换再"闭环供应链策略选择及其定价协调研究[J].管理评论,2018,30(1):177－193

[13] 原毅军,陈喆.环境规制、绿色技术创新与中国制造业转型升级[J].科学学研究,2019,37(10):1902－1911.

[14] 朱晓东,吴冰冰,王哲.双渠道回收成本差异下的闭环供应链定价策略与协调机制

[J].中国管理科学,2017,25(12):188-196.

[15] 朱晓东.考虑回收渠道和担保策略的再制造闭环供应链决策机制研究[D].南京航空航天大学,2023.

[16] 孙浩,马晨园,隋玉颖,达庆利.不对等权力结构下竞争性闭环供应链的回收模式选择均衡[J].计算机集成制造系统,2024,30(9):3388-3405.DOI:10.13196/j.cims.2022.0135.

[17] 隋玉颖.不对等权力的竞争性闭环供应链纵向结构选择策略研究[D].青岛大学,2022.

[18] 黄宗盛,张媛.资金支持还是劳动联合?第三方回收动态闭环供应链合作模式选择[J/OL].中国管理科学,2023:1-18[2023-11-26].http://kns.cnki.net/kcms/detail/11.2835.g3.20230824.1937.004.html.

[19] 刘镇宇.碳限额交易对服装闭环供应链运作决策影响研究[J].物流工程与管理,2023,45(9):88-92.

[20] 白淳予,赵莹,关志民.考虑参考价格效应的E-闭环供应链旧货市场开辟策略研究[J].运筹与管理,2023,32(9):128-135.

[21] 孙嘉轶,邵天琳,滕春贤.回收竞争下闭环供应链分类回收及共谋策略研究[J/OL].计算机集成制造系统,2023:1-25[2023-11-26].http://kns.cnki.net/kcms/detail/11.5946.TP.20231024.0849.002.html.

[22] 王竟竟,许民利.回收目标责任制下闭环供应链的定价及以旧换新策略研究[J].中国管理科学,2024,32(11):298-311.DOI:10.16381/j.cnki.issn1003-207x.2022.1543.

[23] 汤静娴,刘同.新能源汽车电池回收再制造策略研究[J].时代汽车,2023(22):138-140.

[24] 冯章伟.基于回收质量差异化的回收努力程度决策与额外再制造率投资策略研究[J].数学的实践与认识,2023,53(11):104-113.

[25] 张川,田雨鑫,崔梦雨.电动汽车动力电池制造商混合渠道回收模式选择与碳减排决策[J].中国管理科学,2024,32(6):184-195.DOI:10.16381/j.cnki.issn1003-207x.2022.2221.

[26] 朱晓东.考虑回收渠道和担保策略的再制造闭环供应链决策机制研究[D].南京航空航天大学,2023.

[27] 陈琳琳.碳税政策约束下建材回收再制造闭环供应链运作决策研究[D].山东理工大学,2023.

[28] 夏西强,朱庆华,路梦圆.基于三种再制造模式政府补贴对再制造影响研究[J].运筹与管理,2023,32(6):159-165.

[29] 刘晓冰.汽车零部件再制造新政及市场机会[J].表面工程与再制造,2022,22(3):14—15.

[30] 张建同,陈秀英.考虑回收风险和消费者偏好的动力电池回收定价策略研究[J].上海管理科学,2022,44(3):83—90.

[31] 夏西强,路梦圆,李飚.知识产权保护下碳交易对再制造影响研究[J].中国管理科学,2023,31(7):115—125.

[32] 王永健,王飞,王站杰.碳权回购策略对资金约束企业制造/再制造决策的影响研究[J].工业工程,2022,25(2):121—127+145.

[33] 周骏杰,朱庆华.产品服务视角下再制造供应链博弈研究[J].上海管理科学,2022,44(4):52—58.

[34] 孙嘉轶,杨露,姚锋敏.考虑低碳偏好及碳减排的闭环供应链回收及专利授权策略[J].运筹与管理,2022,31(9):120—127.

[35] 赵京彪,曲朋朋,周岩.考虑成本信息不对称的闭环供应链网络均衡[J].系统工程学报,2022,37(6):749—765.

[36] 梁佳平,范丽伟,王宁宁等.碳排放奖惩机制下新产品和再制品的定价与分销渠道选择策略[J].系统工程理论与实践,2023,43(4):1116—1133.

[37] 杜航,魏来,朱庆华.原装品、兼容品竞争格局下再制造打印耗材市场进入机会研究[J].中国管理科学,2023,31(9):159—169.

[38] 汪仲泽,夏西强.碳交易下履约/未履约碳减排对再制造模式影响研究[J].运筹与管理,2023,32(3):143—148.

[39] 李思源,李凯,刘静.考虑再制造成本差异和信息不对称性的生产决策[J].合肥工业大学学报(自然科学版),2023,46(4):560—567.

[40] 程红亚,孟丽君,扈裕晴等.品牌商自行再制造决策对零售商窜货行为的影响研究[J].运筹与管理,2023,32(5):153—160.

[41] 胡鑫.考虑区块链和产品回收的绿色供应链定价决策[D].重庆交通大学,2023.

[42] 李晓霞,李峥,王连宏等.影响发动机再制造质量的因素与控制措施[J].机械管理开发,2023,38(5):70—72.

[43] 万凤娇,秦嘉慧,邹蔚.政府补贴下考虑回收质量的废旧产品闭环供应链决策研究[J].数学的实践与认识,2023,53(6):73—85.

[44] 冯利娜.政府干预下的手机闭环供应链决策模型研究[D].浙江工商大学,2023.

[45] 吕佳.政府干预下考虑再制造工艺创新的动力电池闭环供应链回收策略研究[D].中国矿业大学,2023.

[46] 宋安林.不同退款保证策略下再制造供应链定价决策研究[D].安徽工程大学,

2023.

[47] 罗颜.单位碳限额下制造商回收再制造模式选择的策略研究[D].广州大学,2023.

[48] 郑蓉.废旧电器电子产品闭环供应链风险控制研究[D].广州大学,2023.

[49] 李子豪.碳税政策下考虑风险偏好的再制造供应链决策研究[D].安徽工程大学,2023.

[50] 关志民,赵莹,牟玉霞等.补贴政策下电商闭环供应链的绿色创新与定价决策[J].东北大学学报(自然科学版),2023,44(6):871-879.

[51] 蔡然,黄鹏鹏.基于博弈论的再制造企业产品回收模型研究[J].计算机科学,2023,50(S1):929-934.

[52] 陈兆芳,郑祥盘,黄文翰.基于Z-number和DEMATEL的报废汽车回收产业发展影响因素研究[J].电子科技大学学报(社科版),2023,25(3):50-58.

[53] 张伟,史佩京,魏敏等.循环经济下再制造标准与技术发展[J].表面工程与再制造,2023,23(3):11-16+33.

[54] 李晓霞,王连宏,李峥等.发动机再制造过程中多余物的预防与控制[J].机械管理开发,2023,38(6):69-71+74.

[55] 江志刚,张俊辉,朱硕等.面向寿命定制的废旧产品再制造设计过程模型研究[J].机械工程学报,2023,59(13):238-245.

[56] 陈铭,曹晓舟.打造回收利用团体标准体系,助力汽车产品生产者延伸责任[J].上海汽车,2023(7):1-3+9.

[57] 孙嘉轶,杨露,滕春贤.政府补贴与股权合作下低碳闭环供应链决策与协调[J].系统工程学报,2023,38(4):540-554.

[58] 冯章伟,肖条军,牟善栋.考虑绿色偏好和政府补贴/碳税的第三方再制造模式[J].运筹与管理,2023,32(8):57-64.

[59] 张文,浦徐进,任瑜等.不同供应链结构下再制造产品定价和质量联合决策研究[J].系统科学与数学,2023,43(9):2252-2265.

[60] 王振,叶春明,郭健全.考虑激励相容的不确定再制造绿色供应链研究[J].电子科技大学学报(社科版),2023,25(5):105-112.

[61] 程贤福,周健,肖人彬等.面向绿色制造的产品模块化设计研究综述[J].中国机械工程,2020,31(21):2612-2625.

[62] 陈吉朋,王计安,张雨秋等.废弃风电叶片材料回收与再制造技术的研究进展[J].太阳能学报,2023,44(5):328-335.

[63] JIAPING XIE, WEISI ZHANG, LING LIANG, YU XIA, JUN YIN, GUANG YANG. The revenue and cost sharing contract of pricing and serving policies in a dual-channel

closed-loop supply chain[J]. Journal of Cleaner Production, 2019(4):361—383.

[64] ZHANG W, ZHANG M, ZHANG W, ZHOU Q, ZHANG X. What influences the effectiveness of green logistics policies? A grounded theory analysis[J]. Sci. Total Environ. 2020:714.

[65] XU J, CAO J, KUMAR S, WU S. Optimal government and manufacturer incentive contracts for green production with asymmetric information[J]. PLoS ONE. 2023, 18(8):1—28.

[66] SIYAL A W, CHEN H, SHAHZAD F, BANO S. Investigating the role of institutional pressures, technology compatibility, and green transformation in driving manufacturing industries toward green development[J]. Journal of Cleaner Production, 2023:428.

[67] ZHANG X, LIU S. Action Mechanism and Model of Cross-Border E-Commerce Green Supply Chain Based on Customer Behavior[J]. Mathematical Problems in Engineering. 2021(7):1—11.

[68] NIRANJAN T, PARTHIBAN P, SUNDARAM K, JEYAGANESAN PN. Designing a omnichannel closed loop green supply chain network adapting preferences of rational customers[J]. Sādhanā: Academy Proceedings in Engineering Sciences. 2019, 44(3): N. PAG.

[69] LAHANE S, KANT R. Investigating the sustainable development goals derived due to adoption of circular economy practices[J]. Waste Management. 2022, 143:1—14.

[70] XU Y, LIU A, LI Z, LI J, XIONG J, FAN P. Review of Green Supply-Chain Management Diffusion in the Context of Energy Transformation[J]. Energies. 2023, 16(2):686.

[71] SUN Y. The achievement, significance and future prospect of China's renewable energy initiative[J]. International Journal of Energy Research. 2020, 44(15):12209—12244.

[72] KHAN MN, SINHA AK. Development of a sustainable supply chain network for the cement manufacturing industry using real-coded genetic algorithm. Soft Computing-A Fusion of Foundations[J]. Methodologies & Applications. 2022, 26(22):12235—12255.

[73] PAL R, GANDER J. Modelling environmental value: An examination of sustainable business models within the fashion industry[J]. Journal of Cleaner Production. 2018, 184:251—263.

[74] REZAEI S, BEHNAMIAN J. A survey on competitive supply networks focusing on partnership structures and virtual alliance: New trends[J]. Journal of Cleaner Production. 2021, 287: N. PAG.

[75] LIU H, FAN L, SHAO Z. Threshold effects of energy consumption, technological innovation, and supply chain management on enterprise performance in China's manufacturing

industry[J]. Journal of Environmental Management, 2021,300:N. PAG.

[76] PANG R,ZHANG X. Achieving environmental sustainability in manufacture: A 28-year bibliometric cartography of green manufacturing research[J]. Journal of Cleaner Production, 2019,233:84-99.

[77] SHITTU O S,WILLIAMS I D,SHAW P J. Global E-waste management: Can WEEE make a difference? A review of e-waste trends, legislation, contemporary issues and future challenges [J]. Waste Management,2021,120:549-563.

[78] BENKHEROUF L,SKOURI K,Konstantaras I. Optimal Control of Production, Remanufacturing and Refurbishing Activities in a Finite Planning Horizon Inventory System [J]. Journal of Optimization Theory and Applications,2016,168(2):677-698.